CARL DIETMAR | WERNER JUNG

KLEINE ILLUSTRIERTE GESCHICHTE DER STADT KÖLN

10., VOLLSTÄNDIG ÜBERARBEITETE AUFLAGE

J.P. BACHEM VERLAG

Kleine illustrierte Geschichte der Stadt Köln
10., vollständig überarbeitete Auflage
von Carl Dietmar und Werner Jung

Bibliografische Information
Der Deutschen Nationalbibliothek
Die Deutsche Nationalbibliothek verzeichnet diese
Publikation in der Deutschen Nationalbibliografie;
detaillierte bibliografische Daten sind im Internet
über http://dnb.ddb.de abrufbar.

10. Auflage 2009
© J.P. Bachem Verlag Köln, 2009
www.bachem.de/verlag

Lektorat, Redaktion und Register: Stefan Wunsch
Bildredaktion: Werner Jung, Aurette Liese
und Stefan Wunsch
Reproduktionen: Reprowerkstatt Wargalla, Köln
Gestaltungskonzeption
und Layout: Hans Schlimbach AGD, Köln
Druck: Grafisches Centrum Cuno, Calbe

Printed in Germany
ISBN: 978-3-7616-2226-1

Mit unserem Newsletter
informieren wir Sie gerne
über unser Buchprogramm.
Bestellen Sie ihn kostenfrei unter
↗ **www.bachem.de/verlag**

**Diese romantisierende Darstellung aus der ersten
Hälfte des 19. Jahrhunderts** *zeigt das Kölner Panorama
und den Rhein vom Rechtsrheinischen aus. Die folgende
Doppelseite bietet aus ähnlicher Perspektive einen Blick
auf das zerstörte Köln 1945.*

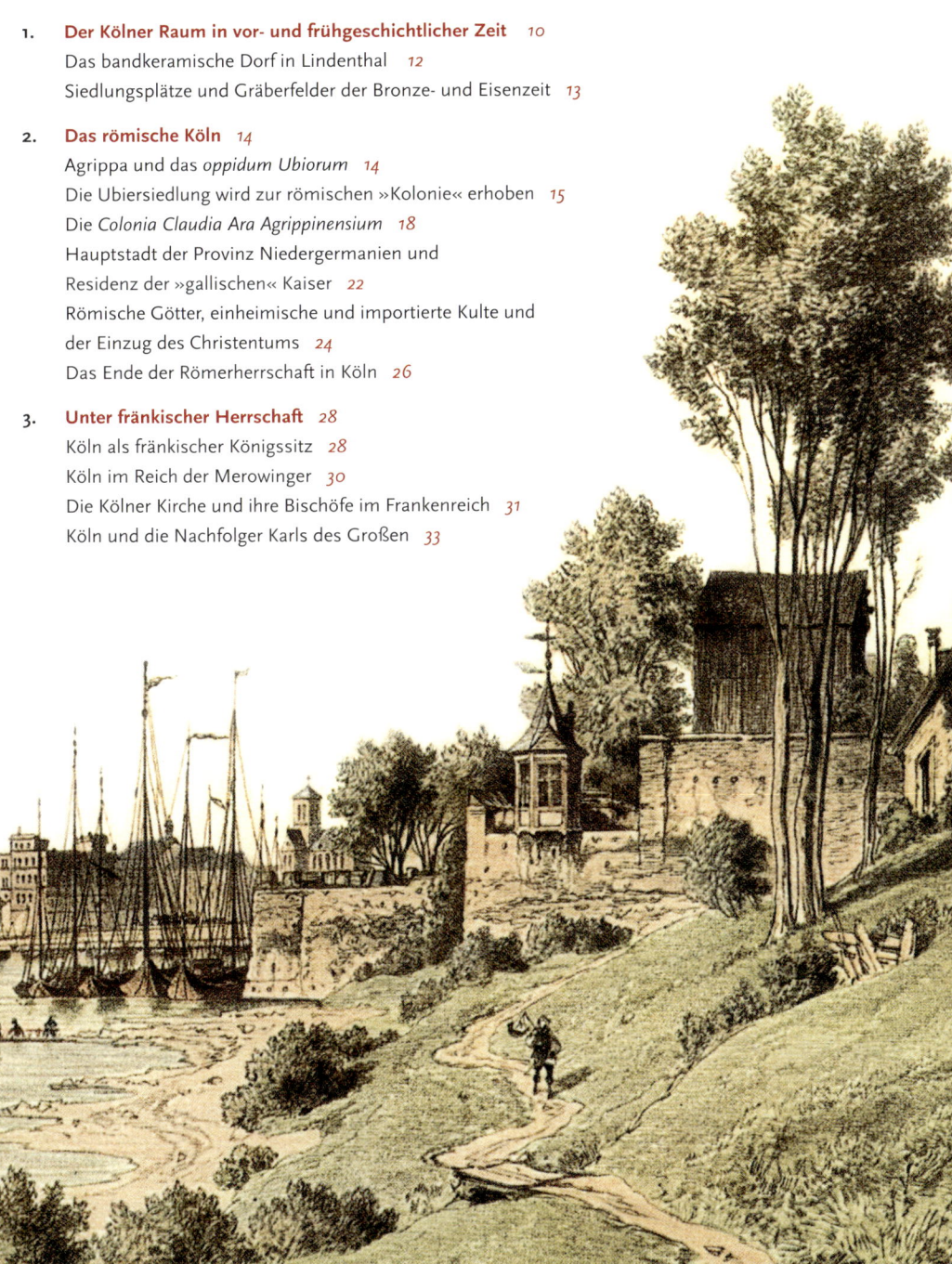

LIEBE LESERINNEN UND LESER,

seit 100 Jahren erscheint die »Kleine illustrierte Geschichte der Stadt Köln« in unserem Verlag. Sie beschreibt dabei nicht nur die besondere Historie der Stadt Köln, sondern durch ihre Fortschreibung bis in die heutige Zeit auch einen Teil der jüngeren Geschichte – bis hin zu dem dramatischen Einsturz des »Gedächtnisses der Stadt«, des Historischen Archivs der Stadt Köln.

Dieses Ereignis hat auch eine besondere Bedeutung für die »Kleine illustrierte Geschichte der Stadt Köln«. Die nun vorliegende 10. Auflage ist – wie alle vorherigen Auflagen sowie viele weitere Titel aus unserem Hause – auch und ganz wesentlich auf der Basis oft jahrhundertealter Schriftquellen entstanden, die im Historischen Archiv gesichert und aufbewahrt wurden. Das Unglück vom 3. März 2009 ist für die Kölnerinnen und Kölner sowie Geschichtsinteressierte aus aller Welt noch immer unfassbar. Die Folgen werden sich jahrzehntelang auswirken. Jede Spende oder Unterstützung hilft dabei, die geborgenen Archivalien zu retten und sie wieder zugänglich zu machen.

Deshalb wird ein beachtlicher Anteil des Erlöses der 10. Auflage der »Kleinen illustrierten Geschichte der Stadt Köln« an den Förderverein für das Historische Archiv gespendet. Um diesen Betrag zu realisieren, verzichten die Autoren, alle Produktionspartner, der Buchhandel und der Verlag auf einen nennenswerten Teil ihrer Einnahmen. Wir hoffen, dass schon bald eine stattliche Summe zusammenkommt, die dafür eingesetzt wird, beschädigte Dokumente zu restaurieren.

Die »Kleine illustrierte Geschichte der Stadt Köln« ist uns aber auch deshalb besonders wichtig, weil sie sich in den vergangenen 100 Jahren immer wieder neu als »Hausbuch« für viele Kölner Familien etabliert hat. Dabei spricht sie natürlich auch diejenigen an, die in Köln eine neue Heimat finden oder fern der Heimat leben und gerne in diesem Werk die Geschichte Kölns nachschlagen.

Für die Familie J.P. Bachem, Köln
Claus und Lambert Bachem
Geschäftsführende Gesellschafter

....

Der »ideale« Dom *50 Jahre vor seiner Vollendung. Gemälde von Carl Georg Hasenpflug, 1834/36.*

VORWORT ZUR 10. AUFLAGE
ANLÄSSLICH DES 100JÄHRIGEN JUBILÄUMS

1911 erschien die »Kleine illustrierte Geschichte der Stadt Köln« von Franz Bender und Theodor Bützler zum ersten Mal. Als »der Bender/Bützler« hat das Buch Generationen von Kölnerinnen und Kölnern – vor allem auch der jungen Generation – die erste Begegnung mit der Stadtgeschichte vermittelt. Es ist seit fast 100 Jahren ohne Frage ein »Klassiker auf dem Kölner Büchermarkt« (Kölnische Rundschau). Ein Einsteigerbuch zur Kölner Stadtgeschichte, für all jene, die sich erstmals oder erneut mit der über 2000jährigen Geschichte Kölns vertraut machen möchten.

Der »Bender/Bützler« wurde nach dem Zweiten Weltkrieg von Hans Welters und Helmut Lohbeck fortgesetzt. 1996 erschien die von uns verfasste vollständig überarbeitete achte Auflage. Sie hatte mit ihren Vorläufern nur noch den Titel gemein: Wir haben seinerzeit konzeptionell, inhaltlich und auch vom Umfang her eine moderne Gesamtdarstellung erarbeitet, die auch die dunklen Epochen der Kölner Stadtgeschichte nicht unterschlägt oder beschönigt. Die neunte Auflage im Jahr 2001 wurde leicht erweitert und aktualisiert. Aus »dem Bender/Bützler« wurde »der Dietmar/Jung«.

Zur 10. Auflage, einer Jubiläumsausgabe, die fast genau 100 Jahre nach der Erstausgabe erscheint, haben sich Autoren und Verlag zu einer grundlegenden

....

Der »Bender/Bützler«,
Titel der ersten Ausgabe
von 1911.

Neubearbeitung entschlossen. Die Neuauflage geht gewissermaßen zurück zu den Wurzeln. Die vorhergehende, neunte Auflage war mit 355 Seiten schon etwas mehr als eine »Kleine« Geschichte geworden. Die vorliegende Neuausgabe wurde nun so konzipiert, dass sie in etwa wieder dem ursprünglichen Umfang der »Kleinen illustrierten Geschichte der Stadt Köln« entspricht. Wir wollten einen knappen Überblick zur Stadtgeschichte erstellen, der sich insbesondere für Schulen, aber auch zur Erstinformation für alle interessierten Leser eignet. Carl Dietmar schrieb die Kapitel eins bis acht und Werner Jung die Kapitel neun bis fünfzehn.

Wir bedanken uns beim J.P. Bachem Verlag und seinen Mitarbeiterinnen und Mitarbeitern, beim Lektor des Buches Stefan Wunsch und insbesondere beim Grafiker Hans Schlimbach dafür, dass ein aufwändig gestaltetes und schönes Buch hergestellt werden konnte, und hoffen damit, die lange Tradition des Buches würdig fortsetzen zu können.

Möge das gelten, was Franz Bender und Theodor Bützler im Vorwort zur ersten Auflage 1911 schrieben: »Der interessante Stoff, der durch zahlreiche Abbildungen erläutert wird, die einfache, volkstümlich gehaltene Schreibweise, der verhältnismäßig billige Preis machen es gleichzeitig zu einem Haus- und Familienbüchlein. Möge es dazu dienen, den Sinn für vaterstädtische Geschichte in weiten Kreisen zu wecken und zu fördern!«

Köln, im Oktober 2009
Carl Dietmar, Werner Jung

DER KÖLNER RAUM IN VOR- UND FRÜHGESCHICHTLICHER ZEIT

E in altsteinzeitlicher Kernstein (Fundort: Dellbrück) und ein Faustkeil (Fundort: Königsforst/Porz-Heumar) sind die frühesten Zeugnisse menschlichen Lebens im Kölner Raum. Beide sind – so die Vor- und Frühgeschichtler – etwa 100 000 Jahre alt. Die ersten Menschen, die sich im Rheinland aufhielten, waren Jäger und Sammler ohne feste Siedelplätze – sie folgten dem Wild, ihrer wichtigsten Nahrungsquelle, dem Rentier, dem Wollnashorn und dem Mammut. Auf ihren Wanderungen sammelten sie essbare Wurzeln, Nüsse und Früchte. Ihre Werkzeuge und Waffen gewannen sie aus Abschlägen von Feuersteinen; später lernten sie auch aufwändigere Messer, Pfeilspitzen oder Schaber herzustellen. Die Menschen der Alt- und Mittelsteinzeit, die in Sippen und Horden zusammenlebten, suchten in Höhlen oder Hütten aus Holz und Fell Schutz vor den Unbilden der Natur.

*Der in Dellbrück gefundene **Kernstein** besteht aus feinkörnigem hellbraunem Quarzit. Der Durchmesser beträgt knapp 15 Zentimeter. Römisch-Germanisches Museum (RGM).*

Im Rheinland setzt man den Übergang zu Ackerbau und Viehzucht, und damit zur Sesshaftigkeit, etwa in die Zeit um 5300 v. Chr. Die Voraussetzungen für eine Besiedlung waren in der Kölner Bucht günstig. Fruchtbare Schwarzerden, breite Terrassenflächen, zahlreiche Quellen und Wasserläufe sowie das milde atlantische Klima kamen den Lebensbedürfnissen des »Homo sapiens« entgegen. Die ersten Bauern, die sich im Bereich der Lösszone zwischen Köln und Aachen niederließen, stammten wohl aus dem Rhein-Main-Gebiet. Die Neuankömmlinge rodeten Siedlungs- und Wirtschaftsflächen inmitten dichter Urwälder. Im Rheinland stießen sie auf Wildbeuter, mit denen sie wohl schon vorher Kontakte hatten. Zwischen den Bauern, deren Lebensgrundlagen auf einer völlig neuartigen Wirtschaftsweise beruhten, auf Ackerbau und Viehzucht, und den Jägern und Sammlern kam es vermutlich zu partnerschaftlicher Kooperation, die eine allmähliche Anpassung der Wildbeuter an die bäuerliche Lebensform zur Folge hatte.

Eine keltische Arbeit aus Köln: Henkelattache *mit stilisiertem Gesicht und überdimensionierten Hörnern aus dem 1. Jahrhundert v. Chr. (RGM).*

DAS BANDKERAMISCHE DORF IN LINDENTHAL

Im Kölner Raum, im Übergangsraum von Mittel- zu Niederterrasse, wurde 1929 eine bedeutende Fundstelle jungsteinzeitlicher Ackerwirtschaft entdeckt – das Dorf der Bandkeramiker in Lindenthal. Dieses Dorf, eine ovale Siedlung von etwa 3,25 Hektar, lag eingebettet in die Mulde des Frechener Baches (zwischen Hohenlind und Stüttgenhof). Bei den Ausgrabungen hat man mehr als 100 Häusergrundrisse ermittelt. Tiefe Gruben neben den Häusern, in denen die Vorräte aufbewahrt wurden, dienten als natürliche »Kühlschränke«.

Die bandkeramische Kultur

Die Kultur der ersten Bauern – nicht nur der des Rheinlandes, sondern in ganz Mitteleuropa – wird als »Bandkeramik« bezeichnet. Der Name leitet sich von der bandförmigen Verzierung ihrer Tongefäße ab. Die Ansiedlungen bandkeramischer Bauern sind hierzulande am intensivsten im Gebiet der Aldenhovener Platte untersucht worden – dort wurden im Bereich des Braunkohlentagebaus Inden seit mehr als 30 Jahren umfangreiche und großflächige Ausgrabungen vorgenommen.

Aus den im Umkreis der Hütten gelegenen Abfallgruben wurden neben Steinwerkzeugen Scherben von handgeformten Tongefäßen zutage gefördert. Im Kölner Raum sind sie die Ersten, die keramische Erzeugnisse herstellten, von großen Gefäßen für die Vorratshaltung bis zu kleinen Schalen. Knochenreste von Rindern, Schafen und Schweinen, Getreidereste von Emmer, Gerste und Linsen geben Auskunft über Ess- und Lebensbedingungen der Bewohner; Flachs diente als Nahrung und als Rohstoff für Kleidung. Mit Ackerbau, Viehzucht und Handwerk gestalteten die Bandkeramiker ihr Leben »bodenständig« – Wall und Graben schützten sie vor Angriffen. Ihre Toten setzten die Bandkeramiker in gehockter Stellung bei, für das Leben im Jenseits wurden die Gräber mit Waffen, Werkzeugen und Tongefäßen ausgestattet.

Am Ende des 4. Jahrtausends v. Chr. (etwa 3 800 v. Chr.) ließen sich Gruppen, die der Michelsberger Kultur (nach dem Michelsberg bei Bruchsal) zugerechnet werden, im Kölner Raum nieder. Mindestens drei Siedlungsplätze legten die Michelsberger Viehzüchter im heutigen Stadtgebiet an, in Nippes, im Dombereich und zwischen Merheim und Brück, im Bereich der »Fliehburg«. Grundrisse ihrer Behausungen haben sich auf Kölner Boden nicht erhalten, wie ihre Vorgänger lebten auch sie vom Ackerbau. Kennzeichnend für die Michelsberger Kultur sind kunstfertig hergestellte Steingeräte, fein polierte Beile und Streitäxte.

SIEDLUNGSPLÄTZE UND GRÄBERFELDER
DER BRONZE- UND EISENZEIT

Am Ende der »Glockenbecherkultur« (etwa 2 800 – 2 150 v. Chr.) tauchen erstmals Werkzeuge, Waffen und Schmuck aus Kupfer auf. Die Glockenbecherkultur war ein westeuropäischer Kulturverband, der sich von der iberischen Halbinsel und England über das Rheintal bis nach Böhmen erstreckte. Die Glockenbecherleute im Rheinland betrieben Viehzucht und Weidewirtschaft, kaum Ackerbau. Ihre Toten statteten sie mit Waffen aus – und jenen charakteristischen glockenförmigen, polierten und verzierten Bechern, die ihrer Kultur den Namen gaben. Neben den neuen Gerätschaften aus Kupfer benutzten sie auch die seit Jahrtausenden bewährten Steinwerkzeuge.

Um 1200 v. Chr. beginnt im mitteleuropäischen Raum die »Urnenfelderkultur«, die sich von Süddeutschland aus, vor allem durch Zuwanderung großer Sippenver-bände, auch am Mittelrhein und in der Kölner Bucht verbreitete. Im Bestattungsritus hatte sich ein entscheidender Wandel vollzogen: Von der Körper- war man zur Brand-bestattung übergegangen, in Flachgräbern wurden die Urnen mit der Asche der Verstorbenen beigesetzt. Im Kölner Süden, in der Nähe des heutigen Bonntores, liegt eines dieser Gräberfelder.

Seit der späten Urnenfelderzeit war es üblich, die Verstor-benen unter Grabhügeln beizusetzen. Etwa zeitgleich, vor der Mitte des 1. Jahrtausends v. Chr., wurden auch im Rheinland die Verarbeitung und der Gebrauch des Eisens üblich. Die Grab-hügel haben sich fast nur unter Waldgebieten und in den rechts-rheinischen Heidegebieten erhalten. Zahlreiche Gräber reihen sich am alten Mauspfad. Das umfangreichste Gräberfeld liegt in der Iddelsfelder Hardt.

*Dieser Becher der **Glocken-becherleute** wurde im Fühlinger See gefunden.*

Auch auf der linken Rheinseite sind Grabhügelfelder gefunden worden, so in Müngersdorf und Lindenthal, in Riehl, Longerich und Worringen. Zwei Kulturen bestimmen die Eisenzeit im Rheinland – die Hallstatt- und die La-Tène-Kultur (seit 450 v. Chr.). Letztere wird zeitlich mit dem Entstehen des lockeren Stammesver-bandes der Kelten in Zusammenhang gebracht; im Kölner Raum stammen keltische Siedlungsspuren allerdings erst aus dem 1. Jahrhundert v. Chr. – südlich des Domes. An der Südostecke der römischen Stadtmauer fand man zudem eine Henkelattache in Form eines Kopfes mit drei überdimensionierten Hörnern; es ist das einzige Zeug-nis keltischer Handwerkskunst aus dem Stadtgebiet.

DAS RÖMISCHE KÖLN

In Köln gefundenes **Marmorporträt des Kaisers Claudius,** *der das oppidum Ubiorum zur »Kolonie« erhob (RGM).*

AGRIPPA UND DAS OPPIDUM UBIORUM

58 v. Chr. nutzte der Statthalter der römischen Provinz *Gallia Narbonensis,* Gaius Julius Cäsar, der spätere Alleinherrscher, einen Kriegszug der Helvetier, um in die inneren Verhältnisse Galliens einzugreifen. Binnen weniger Jahre war ganz Gallien von den Pyrenäen bis zum Rhein unterworfen – schon 57 v. Chr. hatten sich neben den Belgiern auch die germanischen Eburonen der römischen Herrschaft unterstellt.

Die Eburonen, ein keltisch-germanischer Stamm, der zwischen Nordeifel, Maas und Rhein siedelte, beteiligte sich 54 v. Chr. am Aufstand der Treverer und Nervier; es gelang ihnen, an der unteren Maas 15 römische Kohorten zu vernichten. Bei Cäsars Strafaktion wurden ein Jahr später wohl zahlreiche Stammesangehörige getötet oder vertrieben. Bei der Niederwerfung des Aufstandes hatte Cäsar zum zweiten Mal den Rhein überschritten – dabei dienten ihm die germanischen Ubier, die im Bereich der unteren Sieg auf dem rechten Rheinufer ansässig waren, als Kundschafter.

Die Ubier wurden fortan wegen ihrer römerfreundlichen Haltung von ihren Nachbarn bedrängt; wahrscheinlich mit stiller Duldung der Römer begannen sie, auf die linke Rheinseite zu wechseln und das Gebiet der Kölner Bucht zu besiedeln – schließlich nahm der römische Feldherr Marcus Vipsanius Agrippa ihre förmliche Unterwerfung entgegen. Agrippa, Schwiegersohn und Mitregent des späteren Kaisers Augustus, weilte zweimal in Gallien, um die Provinz neu zu ordnen – 40 – 38 v. Chr. und 20/19 v. Chr. Das für das *oppidum Ubiorum* immer wieder genannte Gründungsjahr 38 v. Chr. ist daher nur eines von mehreren möglichen – ganz sicher ist nur, dass nach 19 v. Chr. mit der Planung und der Errichtung eines städtischen Zentrums für die

Römische Selbstdarstellung: *Das repräsentative, über 15 Meter hohe Grabmal des Veteranen Lucius Poblicius (RGM).*

Das sogenannte »Ubiermonument« *sicherte die ubische Siedlung an der Rheinseite. Der mächtige Turmbau gilt als ältester römischer Steinbau jenseits der Alpen (Modell).*

Ubier begonnen worden ist. In Gallien bezeichneten die Römer den Hauptort eines Stammes, wo Rechtsprechung und Verwaltung ihren Sitz hatten, als *oppidum* (stadtähnliche Siedlung).

Fest steht, dass die Römer planten, das *oppidum Ubiorum* zum Hauptort der geplanten Provinz Germania zu machen, die bis zur Elbe reichen sollte. Daher wurde – im Jahre 9 n. Chr. belegt – das bedeutendste Heiligtum der Römer, der Altar *(ara)* der Roma, der Stadtgöttin Roms, und des Kaisers Augustus im Mittelpunkt der Siedlung angelegt. Die Errichtung der Provinz scheiterte letztlich – nach der Vernichtung der drei Legionen des Statthalters Varus im Teutoburger Wald gaben die Römer den Plan auf, ihre Herrschaft auf das rechte Rheinufer auszudehnen. Der Rhein wurde für fast 500 Jahre die Grenze des römischen Reiches.

DIE UBIERSIEDLUNG WIRD ZUR RÖMISCHEN »KOLONIE« ERHOBEN

Der Ubiersiedlung kam fortan eine wichtige Aufgabe bei der Sicherung und Konsolidierung der Rheingrenze zu. Das war wohl einer der Gründe, weshalb Kaiser Claudius im Jahre 50 n. Chr. den Wunsch seiner Gemahlin Agrippina erfüllte und die Siedlung zu einer »Kolonie« italischen Rechtes erhob.

Die Erhebung bedeutete, dass in der Kolonie Veteranen, ausgediente Soldaten des Heeres, auf römischem Staatsland angesiedelt wurden. Mit dem Ausbau der Befestigung der neuen Stadt wurde

Agrippina wurde im Jahre 15 (oder 16) n. Chr. in der Ubierstadt geboren. Ihr Vater war der Feldherr Germanicus, ein Bruder des Claudius. Der hatte seine Nichte Agrippina im Jahre 48 n. Chr. geheiratet – beider Namen sind in den Stadtnamen *Colonia Claudia Ara Agrippinensium,* abgekürzt CCAA, eingegangen. Das Wort *ara* bezieht sich auf den Altar der Göttin Roma und unterstreicht erneut dessen Bedeutung. Die machtbewusste und skrupellose Agrippina stammte aus der julisch-claudischen Kaiserdynastie. Sie gilt als Kölns »Stadtmutter«.
Bild: Marmorporträt der Agrippina (RGM).

DIE RÖMERMAUER

Nur Reste erinnern an die bedeutende römische Befestigung mit ihren 19 Rundtürmen und neun unterschiedlichen Toren. Die Tore, jeweils drei an der Ost- und Westseite, zwei im Süden und eines an der Nordseite, waren mehrheitlich repräsentative Zwei- oder Dreibogenbauten. Westlich des heutigen Domes erhob sich das imposante Nordtor, dessen Mittelbogen – mit den Initialen CCAA – im Römisch-Germanischen Museum zu besichtigen ist. Durch das Tor trat die wichtige, Mainz und Xanten verbindende Römerstraße in die Stadt ein, die sie im Bereich der Hohe Straße durchquerte. Nach Westen verlief die Umwehrung entlang der Straße An der Burgmauer, wo römische Mauerteile vorhanden sind, zum »Römerturm«, dem bedeutsamsten Rest der alten Befestigung. Der nordwestliche Eckturm (St. Apern-Straße/Zeughausstraße) ist der einzige fast vollständig erhaltene Stadtturm; mosaikartige Ornamente aus Trachyt, Kalk- und Sandstein verzieren das Mauerwerk, dessen Zinnenkranz im 19. Jahrhundert aufgesetzt wurde. Am »Römerturm« setzte die westliche Mauer an, die über den Halbturm an der Helenenstraße zum Chor der Apostelnkirche verlief; in deren Nähe befand sich das westliche Haupttor der Stadt, hier begann die Straße nach Aachen. Über Clemensstraße und den Mauritiussteinweg, wo Mauerreste sichtbar sind, führte die Mauer zur Griechenpforte, der Südwestecke der Befestigungsanlage. Dort begann die Südmauer, deren Verlauf bis zur Kirche St. Maria im Kapitol durch die linksseitige Uferhöhe des Duffesbaches (der heute unterirdisch, unter den Straßen Rotgerber-, Blau- und Mühlenbach dahinfließt) festgelegt war. In die Südostecke ist das älteste steinerne Bauwerk nördlich der Alpen, das 4 n. Chr. errichtete Ubiermonument integriert. Im östlichen Drittel der Südmauer lag die Hohe Pforte, das Tor, durch das die Hohe Straße in die Hauptstraße nach Bonn überging. An der Ostseite der Mauer wurde auf den Bau von Türmen verzichtet. Sie verlief von St. Maria im Kapitol an Klein St. Martin vorbei zum Chor des Domes. Durch die Marktpforte (am Marsplatz), eines der drei Hafentore, gelangte man zum Hafen, in einem Rheinarm gelegen, der eine vorgelagerte Insel umschloss. *Bild: Der Römerturm in einer Darstellung aus dem 19. Jahrhundert.*

Die Inschrift CCAA *am römischen Nordtor*
(heute im Römisch-Germanischen Museum).

wohl kurz nach der Erhebung begonnen. Es handelte sich um eine Holz-Erde-Befestigung, die später durch eine zweieinhalb Meter starke und acht Meter hohe Steinmauer mit Graben ersetzt wurde. Der Mauerzug, der eine Fläche von etwa einem Quadratkilometer umspannte, hatte eine Länge von fast vier Kilometern.

DIE COLONIA CLAUDIA ARA AGRIPPINENSIUM

Wer sich auf einer der Fernstraßen, die sternförmig auf die Stadt zuliefen, der CCAA näherte, erblickte weit vor den Mauern reges Leben. Rechts und links der Straßen befanden sich Landsitze vornehmer Römer, Gutshöfe mit Stallungen und Scheunen, wie man sie etwa in den Jahren 1925 bis 1927 in Müngersdorf ausgegraben hat. Guter Boden, reichlich Wasser, die Lage an der Straße, ein städtisches Zentrum in der Nähe – das waren beste Voraussetzungen für einen gutgehenden landwirtschaftlichen Betrieb. Je näher man der Stadt kam, um so häufiger wurden die Grabdenkmäler entlang der Straße – die Römer pflegten ihre Toten außerhalb ihrer Siedlungen zu bestatten. Ein sehr schönes Grabmal steht heute im Römisch-Germanischen Museum – es ist das Grabmal des Poblicius, das 1964/67 am Chlodwigplatz gefunden wurde.

Durch eines der neun Tore betrat man die Stadt, deren Straßennetz rechtwinklig angeordnet war – außer der Hohe Straße liegen noch Schildergasse, Brückenstraße, Glockengasse und Breite Straße im Zuge römischer Straßen. Die Straßen waren mit Kies geschottert, Hauptstraßen mit Trachyten oder Basalten gepflastert. Zu Beginn des 2. Jahrhunderts n. Chr. lebten schätzungsweise 15 000 Menschen in der Stadt und weitere 5 000 in den Siedlungs- und Gewerbegebieten außerhalb der Stadtmauern.

Rekonstruktion des römischen Gutshofes *in Müngersdorf (Modell).*

Römische Straßen *und* Handelswege
und die — *römischen* Wasserleitungen
nach Köln (links).

Kurz nach der Erhebung zur »Kolonie« entwickelte sich die Stadt zu einem bedeutenden Groß- und Fernhandelsplatz mit zahllosen Lagerhäusern, Umschlagplätzen und Verkaufsstellen. Was nicht in der CCAA und Umgebung produziert wurde, importierte man zum größten Teil aus dem Mittelmeerraum. Von dort und aus Südgallien kamen Wein, Olivenöl, Würzsaucen, Gewürze, Spezialitäten und Luxusgüter. Wer es sich leisten konnte, erwarb importierte Seidenstoffe und Gefäße aus Edelmetall. Die Kölner Kaufleute profitierten natürlich vom gut ausgebauten Straßennetz, so führten wichtige Verbindungswege nach *Mogontiacum* (Mainz), *Augusta Treverorum* (Trier) oder *Lugdunum* (Lyon). Der wichtigste Handelsweg blieb indessen der Rhein.

Mit zunehmender Romanisierung wuchs die wirtschaftliche Kraft des Kölner Raumes – seit dem 2. Jahrhundert n. Chr. wurde ein reger Handel mit Produkten rheinischer Manufakturen betrieben, die im gesamten Römischen Reich, aber auch bei den Germanenstämmen jenseits des Rheins äußerst geschätzt wurden; vor allem in Köln hergestellte Keramiken und Gläser stellten begehrte Ausfuhrartikel dar. Die Töpfereien lagen – wegen der Brandgefahr – zumeist am Rande der Wohngebiete oder vor der Stadtmauer. Um sich vor Nachahmern zu schützen, wurden die Produkte »signiert«, was als Gütezeichen galt. So finden sich auf der Rückseite einer Darstellung dreier Muttergottheiten die Worte: *CCAA ipse Fabricius fecit* (frei übersetzt: Dies hat Fabricius in Köln mit eigener Hand hergestellt).

Das Diatretglas – *ein Meisterwerk des Kunsthandwerks im römischen Köln. Rechts:* **Glasflasche mit Schlangenfadendekor** – *Meisterstück der Kölner Schlangenfadengläser (RGM).*

Die Menschen lebten in großen Wohnblöcken für mehrere Mietsparteien, sogenannten *insulae* (Inseln), die in das rechtwinklige Straßennetz eingepasst waren. Reiche Kaufleute und hohe Beamte wohnten in prunkvollen Villen, die mit kunstvollen Wandbildern und Bodenmosaiken ausgestattet waren, wie etwa jenes Peristylhaus im Nordosten, dessen Grundmauern 1941 freigelegt wurden. Dabei stieß man auf das berühmte Dionysosmosaik, eines der schönsten (erhaltenen) Mosaike nördlich der Alpen.

Nach der Erhebung zur »Kolonie« wurden in Köln zahlreiche öffentliche Gebäude und Kultstätten errichtet. Eines der Heiligtümer war der Tempel der kapitolinischen Trias (an der Stelle der heutigen Kirche St. Maria im Kapitol). Das dreischiffige Kultgebäude zu Ehren Jupiters, seiner Gemahlin Juno und der Tochter Minerva ist dem Kapitolstempel in Rom nachempfunden. Der Marstempel, in dem das Schwert Cäsars aufbewahrt worden sein soll, wird neben dem Gürzenich vermutet.

Die Versorgung mit frischem Trinkwasser erfolgte zuerst durch den Hürther Kanal, der Wasser aus dem Vorgebirge in die Stadt führte. Als dieses Wasser für die wachsende Bevölkerung nicht mehr ausreichte, wurde – schon im 1. Jahrhundert n. Chr. – mit dem Bau einer Wasserleitung begonnen, die im Urftquellgebiet bei Nettersheim (Eifel) ihren Ausgangspunkt nahm. Von hier floss das Eifelwasser in einem

Das Dionysosmosaik *aus dem 3. Jahrhundert n. Chr. (RGM).*

insgesamt 95,4 Kilometer langen gemauerten Leitung zum Vorgebirge und an dessen Rand entlang nach Hermülheim, wo es in den Hürther Kanal einmündete. Eine Kombination von Aquädukten, Kanalgängen sowie Entschlammungsanlagen sorgte dafür, dass – bei einem Gefälle von 370 Metern – täglich 10 000 Kubikmeter reinsten Quellwassers in die Stadt gelangten. Mit der Wasserleitung wurde auch ein leistungsfähiges Kanalsystem geschaffen – Einfallschächte nahmen die Abwässer auf und sammelten sie in mindestens zehn, unterschiedlich groß angelegten unterirdischen Kanälen, die in den Rhein mündeten.

Das Praetorium: *erhaltene Fundamente des Statthalterpalastes unter dem Spanischen Bau des Kölner Rathauses.*

HAUPTSTADT DER PROVINZ NIEDERGERMANIEN UND RESIDENZ DER »GALLISCHEN« KAISER

In der Regierungszeit des Kaisers Domitian (81 – 96 n. Chr.) wurde der Militärbezirk des »niedergermanischen« Heeres zur Provinz *Germania inferior* erhoben. Die Grenzen der Provinz markierte der Rhein, im Süden bildete der Vinxtbach die Grenze zu Obergermanien. Die Provinz war durch Kastelle und Festungen, vor allem am Rhein, gesichert, die wichtigsten waren Nimwegen, Xanten, Neuss und Bonn. Der Hauptstützpunkt der römischen Rheinflotte lag drei Kilometer südlich von Köln, im Militärlager auf der Alteburg (Marienburg).

Praetorium – Rekonstruktion des spätantiken Baus.

Mit der Errichtung der Provinz begann zeitgleich eine ungewöhnlich lange Phase des Friedens am Rhein – mehr als 150 Jahre wird
Köln in keiner schriftlichen Quelle erwähnt. In dieser Zeit nahm die Provinzhauptstadt
einen ungeheuren Aufschwung in wirtschaftlicher und baulicher Hinsicht. Dafür gibt
es vor allem archäologische Zeugnisse. So stieß man 1953 bei Ausschachtungsarbei-
ten unter dem »Spanischen Bau« des Rathauses auf einen weitläufigen Gebäudekom-
plex, der als das Praetorium (Sitz des Statthalters) gedeutet wird. Das Gebäude,
wahrscheinlich schon im 1. Jahrhundert begonnen, wurde des Öfteren umgebaut.
Kernbau des Praetoriums war ein langgestreckter Trakt mit Kult- und Verwaltungsräu-
men und den Privatquartieren des Statthalters. Das stattliche Oktogon, das bei der
Ausgrabung das größte Aufsehen erregte, wurde erst im 4. Jahrhundert gebaut.

Im Praetorium residierten vermutlich auch jene Gegenkaiser, die von 259/60 bis
274 das »Gallische Sonderreich« regierten. In diesen Jahren erlebte Köln eine erneute
Glanzzeit als Hauptstadt eines Reiches, das Gallien, Britannien und zeitweise Spanien
umfasste. 259/60 war der Militärbefehlshaber Postumus von den Grenztruppen am
Rhein zum Kaiser ausgerufen worden. Die Legionen in Spanien und Britannien
schlossen sich dem Aufstand an.

Von Köln aus leitete Postumus den Abwehrkampf gegen die germanischen
Stämme, die fortan immer wieder versuchten, die Rheingrenze zu überschreiten; hier
setzte er nach römischem Vorbild einen Senat ein, im Kölner
Münzamt wurden Goldmünzen mit seinem Portrait geschlagen. 268 wurde Postumus von seinen eigenen Soldaten
ermordet – seine Nachfolger verspielten schnell das Ansehen des Reiches, das Postumus durch Talent und Tüchtig-
keit erworben hatte. Im Jahre 274 besiegte Kaiser Aurelian
den letzten »gallischen« Kaiser Tetricus und stellte damit
die Reichseinheit wieder her.

Aureus des Postumus,
Herrscher des Gallischen
Sonderreichs.

RÖMISCHE GÖTTER, EINHEIMISCHE UND IMPORTIERTE KULTE UND DER EINZUG DES CHRISTENTUMS

Neben den offiziellen Staatsgottheiten wurden auch im römischen Köln zahlreiche Götter verehrt. Die Übernahme fremder Götter war ein maßgeblicher Faktor von Befriedungs- und Romanisierungsmaßnahmen, die dazu beitrugen, die Provinzen an Rom zu binden. So gesellten sich den römischen Gottheiten Jupiter, Juno, Mars (um nur einige zu nennen) Götter und Kulte hinzu, die von Legionären oder Händlern aus allen Teilen der römischen Welt an den Rhein gebracht wurden. Auch einheimische Gottheiten in erorberten Ländern wurden übernommen.

Standbild der **Isis** *(RGM).*

Eine der »populärsten« Göttinnen war die aus Ägypten stammende Isis, die Schutzgöttin der Liebe und Ehe, die auch als Himmelskönigin und Gottesmutter verehrt wurde. In der Nähe der Gereonskirche hat sich wohl ein Isis-Heiligtum befunden; dort fand man 1950 eine Weiheinschrift für Isis. Viele Weihesteine in der Stadt waren den *Matrones* gewidmet, drei einheimischen Muttergottheiten, die unter verschiedenen keltischen Beinamen stets gemeinsam dargestellt und verehrt wurden.

Auch eine jüdische Gemeinde wird im römischen Köln vermutet. Die Juden, die nach der Zerstörung Jerusalems (70 n. Chr.) über Okzident und Orient verstreut wurden, genossen seit der *lex Antoniniana* alle Freiheiten des römischen Bürgerrechtes – und so war es nur konsequent, dass Kaiser Konstantin im Jahre 321 den Kölner Stadtrat ermächtigte, auch Juden in seine Reihen aufzunehmen. Ob die in Köln lebenden Juden über eine Synagoge verfügten, ist bislang nicht nachgewiesen.

Unter den orientalischen Mysterienkulten, die in der Spätantike Eingang ins Römische Reich fanden, gilt der Mithraskult als bedeutendster; er war hier im Westen besonders unter den Legionären und Gladiatoren im 2. und 3. Jahrhundert verbreitet. Mithras, der jugendliche persische Gott, der das Licht verkörperte und die Finsternis besiegte, wurde in mindestens drei Kultstätten, sogenannten Mithräen, verehrt, in der Richmodstraße, am Kattenbug und an der Südseite des Doms.

In größter Rivalität zum Mithraskult entwickelte sich das Christentum am Rhein. Es wird vermutet, dass sich bereits am Beginn des 3. Jahrhunderts eine Christengemeinde in Köln bildete; die ersten Zeugnisse für ihre Existenz stammen aus dem 4. Jahrhundert: Unter der Regierung des Kaisers Konstantin nahm der Kölner Bischof Maternus im Oktober des Jahres 313 an einer Synode in Rom teil. Maternus ist der erste namentlich bekannte Kölner Bischof.

Der erste Bischof, dessen Wirken Spuren in Köln hinterließ, ist Severinus, ein Zeitgenosse des hl. Martin von Tours. Als Severinus an einem Sonntag – so der Geschichtsschreiber Gregor von Tours – mit seinen Klerikern die heiligen Stätten besuchte, »da hörte er in der Stunde, da der heilige Martinus starb, in der Höhe einen Chor singen«. Er deutete die Erscheinung

Die Severinusscheibe
aus dem 11. Jahrhundert ist die älteste Darstellung des hl. Severin.

so, dass der Bischof Martin aus der Welt geschieden sei. Nach der Legende soll sich Severin auf dem »Martinsfeld« aufgehalten haben – der Todestag Martins von Tours ist einigermaßen historisch gesichert, der 9. November 397, sodass Severin um die Wende zum 5. Jahrhundert als Bischof von Köln amtiert haben muss.

Erste christliche Kirchen

Die ersten christlichen Kirchen wurden außerhalb der Stadtmauern errichtet. Einer Legende zufolge soll Helena, die Mutter Kaiser Konstantins, über den Gräbern des hl. Gereon und der Märtyrer der Thebäischen Legion eine Kirche gebaut haben. Der Baubeginn der Kirche, der späteren Gereonskirche, wird heute auf nach 345 datiert, Helena starb indessen bereits im Jahre 336. Ebenfalls in der zweiten Hälfte des 4. Jahrhunderts entstand inmitten eines Gräberfeldes an der nördlichen Rheinstraße eine kleine Kirche. Sie war dem Gedenken einiger christlicher Mädchen gewidmet, die um das Jahr 300 im Zuge der letzten Christenverfolgungen den Tod gefunden hatten. Der Name Ursula als Anführerin der Jungfrauen kommt erst seit dem 10. Jahrhundert vor.

Vor dem Südtor der Stadtmauer wurde um die Mitte des 4. Jahrhunderts eine Friedhofkapelle errichtet, inmitten eines Gräberfeldes, das sich zu beiden Seiten der Straße nach Bonn ausdehnte. Erst im 8. Jahrhundert wird dieses – inzwischen mehrfach erweiterte – Gotteshaus als Severinskirche bezeichnet, doch ist nicht auszuschließen, dass der Bischof persönlich den Bau der Kapelle veranlasst hat.

Bei Ausgrabungen im Gräberfeld St. Severin
wurden römische Sarkophage gefunden.

*So könnte das **Kastell Divitia** ausgesehen*
haben. Die Rekonstruktion aus dem Jahr 1950
zeigt zudem die Konstantinische Brücke.

DAS ENDE DER RÖMERHERRSCHAFT IN KÖLN

Seit dem Ende des 3. Jahrhunderts standen die Römer auch am Rhein in ständigem Abwehrkampf gegen die andrängenden Germanen. Zum Schutz der Rheingrenze errichtete Kaiser Konstantin um 310 auf der rechten Flussseite das Kastell Deutz *(Divitia)*. Zum ersten Mal wurden das Kölner und das Deutzer Ufer durch eine feste Brücke verbunden: Etwa in der Höhe von Groß St. Martin ließ der Kaiser eine aus Holz gefügte Brücke anlegen, die von steinernen Strompfeilern und in das Flussbett gerammten Pfahlrosten getragen wurde. Der rechtsrheinische Brückenkopf war von einer 3,30 Meter starken Mauer (Seitenlänge: 150 Meter) und insgesamt 14 Türmen umgeben, die drei Landseiten waren zudem durch Wall und Graben gesichert.

Mit Beginn des 5. Jahrhunderts brach das Ende der römischen Herrschaft in Gallien an. Als gotische Scharen Italien bedrohten, zog der Heermeister Stilicho 402 einen Großteil der Grenztruppen vom Rhein ab. Diese Lage nutzen germanische

Die Franken Bedroht wurde die Rheingrenze vor allem von den Franken, einem Stammesverband, der im 3. Jahrhundert erstmals erwähnt wird. Die an Nieder- und Mittelrhein siedelnden fränkischen Teilstämme – der Name »Franken« bedeutet soviel wie die »Freien« oder die »Kühnen« – sind aus dem Zusammenschluss zahlreicher kleinerer Stämme entstanden. Im November/Dezember des Jahres 355 nutzten fränkische Verbände Auseinandersetzungen unter den Römern zu einem ihrer vielen Beutezüge über den Rhein – fränkische Verbände belagerten und eroberten daraufhin Köln. Der römische Feldherr Julianus eroberte Köln im folgenden Jahr zurück und setzte die Befestigungen wieder instand.

Stämme, um sich den Weg ins Römische Reich zu erkämpfen: In der Neujahrsnacht des Jahres 407 überschritten Vandalen, Alanen und Sueben den Rhein und setzten sich in Gallien fest. Erst 409 zog die Hauptmasse der verbündeten Stämme in Richtung Spanien ab. Die Rheingrenze wurde von germanischen Söldnern in römischen Diensten bewacht.

Dem Heermeister Aetius gelang es zwischen 435 und 446 noch einmal, die Rheingrenze wiederherzustellen. Mit Unterstützung hunnischer Hilfstruppen beseitigte er 437 das Reich der Burgunder am Mittelrhein. Wenig später zwang er fränkische Verbände, die sich im Kölner Umland niedergelassen hatten, zum Abzug. Mit der Ermordung des Aetius im Jahre 455 brach die römische Abwehrlinie am Rhein zusammen – die Stadt ging kampflos an die ripuarische Franken.

Das Martyrium der hl. Ursula *und ihrer Gefährtinnen: Unter den Mauern Kölns werden sie von den Hunnen getötet (Darstellung aus der Koelhoffschen Chronik von 1499).*

UNTER FRÄNKISCHER HERRSCHAFT

In der Wollersheimer Heide bei Langendorf markiert eine Stele von Ulrich Rückriem die Gegend, wo die **Schlacht bei Zülpich** *stattgefunden haben soll.*

KÖLN ALS FRÄNKISCHER KÖNIGSSITZ

Im 5. Jahrhundert, als die Franken der Römerherrschaft an Rhein und Mosel ein Ende bereiteten, war der Stamm in zahlreiche Gruppen zersplittert, die von Kleinkönigen regiert wurden. Die vom unteren Niederrhein in die Region des heutigen Belgien eingedrungenen Scharen nannten sich »salische« Franken, am Mittelrhein setzten sich die »ripuarischen« oder »Uferfranken« fest. Ihr erster namentlich bekannter König hieß Sigibert, er regierte den Teilstamm von Köln aus, wo er wahrscheinlich das römische Praetorium als Königssitz nutzte. Er hatte seinen Vetter Chlodwig, der über Teile der salischen Franken herrschte, in der Schlacht gegen die Alemannen (die wohl um 496 bei Zülpich stattfand) unterstützt. Sein Sohn Chloderich stand dann im Jahre 507 an der Seite Chlodwigs, als dieser die Westgoten bei Vouillé besiegen und aus Gallien abdrängen konnte.

Nach dieser Schlacht habe Chlodwig, so berichtet der Chronist Gregor von Tours, beschlossen, das Königtum der Ripuarier in Köln zu beseitigen. Heimlich schickte er Boten zu Chloderich, Sigiberts Sohn, und stiftete ihn an, die Herrschaft in Köln an sich zu reißen. Nachdem Chloderich seinen Vater hatte ermorden lassen, kamen Abgesandte Chlodwigs nach Köln – mit einem besonderen Auftrag. Als sich Chloderich über eine Schatztruhe beugte und mit seinem Reichtum prahlte, erschlug ihn einer der Boten mit der Axt. Chlodwig, der einige Tage später nach Köln kam, wurde von den fränkischen Kriegern auf den Schild gehoben – er war nun König aller Franken.

Goldener Schmuck *aus dem fränkischen Frauengrab unter dem Dom (Domschatzkammer).*

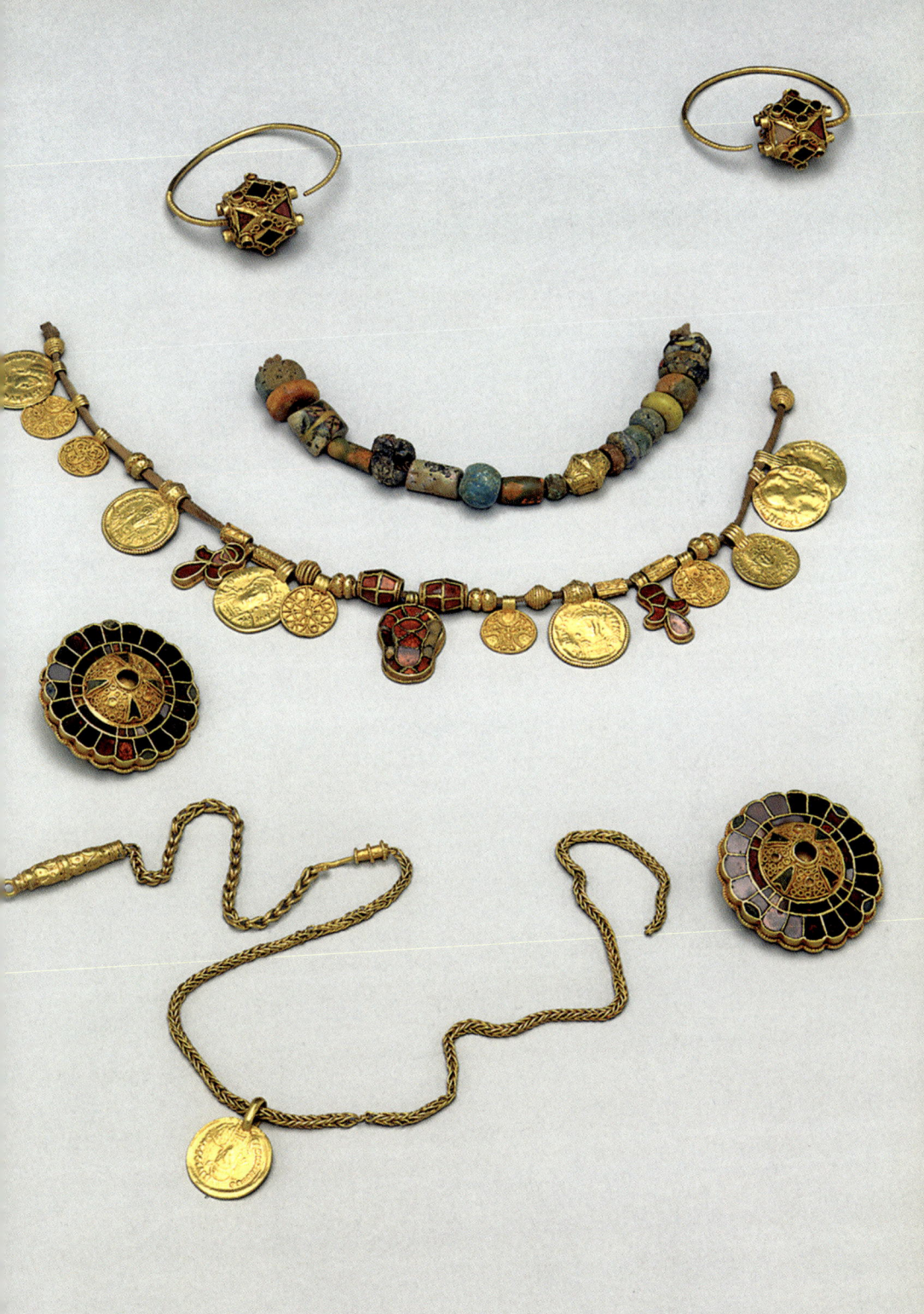

Chlodwig

Chlodwig, der Mann, der die Franken einte, entstammte dem königlichen Geschlecht der Merowinger, das auf den legendären Frankenherrscher Merowech zurückgeht. Chlodwigs Vater Childerich I. herrschte bis zu seinem Tod im Jahre 482 als salischer Kleinkönig und römischer Vasall in Tournai. Nach Siegen über die Alemannen und Westgoten war Chlodwig der mächtigste fränkische König. Er war im Übrigen der erste germanische König, der zum katholischen Glauben übertrat: Vor der Alemannenschlacht hatte er gelobt, Christ zu werden, falls ihm der Sieg zufalle. Im Gegensatz zu den meisten Germanenstämmen nahmen er und seine Gefolgschaft nicht das arianische Bekenntnis an, sondern das »rechtgläubige« Christentum, das der römische sowie die meisten gallischen Bischöfe repräsentierten – so auch der Bischof Remigius von Reims, der die Taufe Chlodwigs vornahm.

KÖLN IM REICH DER MEROWINGER

Auch nach dem Tode Chlodwigs (511) behielt Köln seine bedeutende Stellung innerhalb des merowingischen Frankenreiches. Bei ihren Aufenthalten im Osten ihres Herrschaftsgebietes nahmen die Könige des Ostreichs – die Söhne Chlodwigs hatten das Reich unter sich aufgeteilt – selbstverständlich im Kölner Praetorium Quartier. Zudem war die Stadt als Bischofssitz weiterhin ein administratives Zentrum. Die Einwohnerzahl Kölns dürfte in der Merowingerzeit weit geringer gewesen sein als in den Jahrhunderten römischer Herrschaft. Daher konzentrierte sich die Besiedlung an der Rheinseite, wo das öffentliche und politische Leben seinen Schwerpunkt hatte.

Die Landwirtschaft war der wichtigste Wirtschaftszweig der Franken, die den hoch entwickelten Acker-, Garten- und Weinbau der Römer in vielen Bereichen übernahmen. Auch spezialisiertes Handwerk, oft in römischer Tradition, und Handel spielten eine Rolle. Die römische Grundherrschaft wurde übernommen, und so legten fränkische Siedler in der Umgebung Kölns neben Gutshöfen mit reströmischen Bewohnern viele Dörfer und Höfe an. Handwerk und Gewerbe nahmen in der Stadt einen herausragenden Platz ein. Das zeigen schon die Beigaben, die in einem fränkischen Fürstengrab (unter dem heutigen Dom) gefunden

Die fränkische Reichsbildung unter Chlodwig.

_ _ _ _ *ungefähre Ausdehnung im Jahre 511.*

wurden: Gold- und Waffenschmiede, Glashütten und Töpfereien stellten ihre Produkte für die Angehörigen der Oberschicht her, für Grundherren, Hofbeamte und kirchliche Würdenträger.

Nutznießer der grausamen Bruderkämpfe innerhalb des Königshauses, die das Fränkische Reich im 7. Jahrhundert erschütterten, war der Adel. Seine Anführer, die Hausmeier, die zunächst nur dem königlichen Haushalt vorstanden, gewannen mit der Zeit eine herausragende Stellung. Sie standen an der Spitze der königlichen Gefolgschaft und führten die Regierungsgeschäfte für die Merowinger. Schließlich gelang es dem *maiordomus* Pippin (dem Mittleren), einem Angehörigen der Familie der Karolinger, 687, die Hausmeierämter aller Teilreiche in seiner Hand zu vereinigen. Mit seiner Gemahlin Plektrudis residierte er bei seinen zahlreichen Aufenthalten in Köln wohl in der Nähe der heutigen Kirche St. Maria im Kapitol.

Mit dem Aufstieg Pippins verlagerte sich das Schwergewicht des Reiches nach Osten, und so stand Köln im Zentrum heftiger Kämpfe, die nach Pippins Tod (714) innerhalb der Familie entbrannten. In Köln entschied sich auch die Auseinandersetzung zwischen Plektrudis und ihrem Stiefsohn Karl Martell, der gegen die ungeliebte Stiefmutter zu Felde zog und sie zur Übergabe der Herrschaft und der Schätze Pippins zwang. Plektrudis zog sich schließlich unter Druck in ihre Gründung St. Maria im Kapitol zurück. Karl Martell, der 732 die ins Frankenreich eingebrochenen Araber siegreich abwehrte, wagte noch nicht, nach der fränkischen Königskrone zu greifen. Das tat sein Sohn Pippin der Jüngere: Er setzte den merowingischen König mit der Hilfe des Papstes ab. Im Jahre 751 begann die Herrschaft der Karolinger.

Grabplatte der Plektrudis *in der Kirche St. Maria im Kapitol (12. Jahrhundert).*

DIE KÖLNER KIRCHE UND IHRE BISCHÖFE IM FRANKENREICH

Von den Kölner Bischöfen des 6. Jahrhunderts sind zumeist nur die Namen bekannt. Von Bischof Carentinus, der um das Jahr 565 amtierte, heißt es in einem Lobgedicht, er habe die »goldenen Kirchen« der Stadt erneuert. Als vermutlich erster Bischof fränkischer Herkunft wird um 590 Evergislus genannt. Die ersten Berichte über das Wirken eines Kölner Bischofs in seiner Diözese und auf Reichsebene beziehen sich auf Kunibert, der um 625 sein Amt antrat. König Chlotar II. und sein Sohn Dagobert hatten großen Anteil an der Erhebung Kuniberts, der schon in jungen Jahren am Metzer Königshof tätig war. Dort führte er für den jungen Dagobert die Regierungsgeschäfte.

Neben dieser politischen Tätigkeit tritt das seelsorgerische Wirken des Bischofs in den Hintergrund. Er soll die Clemenskapelle vor den Toren Kölns errichtet haben,

Die Kölner Bischöfe Kunibert und Evergisil
(Darstellung aus dem 17. Jahrhundert).

eine fromme Überlieferung schreibt ihm auch die Gründung des Hospizes St. Lupus zu. Einer Legende zufolge hat Kunibert auch jene uralte Glocke geweiht, die man – nach ihrem Finder – »Saufang« nannte: Bei der Kirche St. Cäcilien habe eine Sau die im Schlamm verborgene Glocke entdeckt; erst nach der Weihe durch den Bischof habe die Glocke »wunderlich« geläutet. Der Kirchenmann starb wahrscheinlich am 12. November 663, seine letzte Ruhestätte fand er in der Clemenskirche, die man seither Kunibertskirche nannte.

Im Verlauf der Sachsenkriege des 8. Jahrhunderts spielte Köln eine wichtige Rolle, von hier aus sollte die Bekehrung von Friesen und Sachsen vorangetrieben werden: Papst Zacharias beschloss daher im Jahre 745, Köln zum Metropolitansitz zu erheben und Bonifatius, den »Apostel der Deutschen«, zum ersten Erzbischof zu ernennen. Doch dieser Plan scheiterte am Widerstand der fränkischen Großen, auch der Bischöfe; sie wollten ihre Eigenständigkeit gegenüber dem Papst gewahrt sehen.

Nach einer Legende soll Karl der Große den Hildebold, zuvor einfacher Priester am »Krieler Dom«, persönlich zum Bischof ernannt haben. Hildebold, der seit etwa 787 in Köln amtierte, war dem Frankenkönig ein Leben lang als Freund und Berater verbunden. Als Leiter der Hofkapelle, die zugleich die Aufgaben der königlichen Kanzlei wahrnahm, war Hildebold der erste Geistliche des Fränkischen Reiches. Schon damals durfte er sich mit dem Ehrentitel *archiepiscopus* (Erzbischof) schmücken – obwohl Köln erst um das Jahr 800 in den Rang eines Erzbistums erhoben wurde, im Rahmen der kirchlichen Organisation der eroberten sächsischen Gebiete. Karl unterstellte der Kölner Erzdiözese die

Der »Saufang«, *angeblich die älteste Kölner Glocke (Kölnisches Stadtmuseum).*

Links: Im »Krieler Dom« *(St. Stephanus) soll die erste Begegnung zwischen Karl dem Großen und Hildebold stattgefunden haben.*
Rechts: **Erzbischof Hildebold** *als Erbauer des karolingischen Doms (Mosaik aus dem 19. Jahrhundert).*

neuen Bistümer Bremen, Münster, Minden und Osnabrück sowie die bestehenden Diözesen Lüttich und Utrecht.

Hildebold gründete an seiner Bischofskirche eine Schule und eine Bibliothek. Zudem ließ er sie baulich umgestalten: Der Westchor wurde erweitert, und nach Anlage eines Querhauses erhielt der Chor eine halbrunde Apsis. Hildebold starb am 3. September 818, beigesetzt wurde er in St. Gereon.

KÖLN UND DIE NACHFOLGER KARLS DES GROSSEN

Wenige Jahre nach dem Tod des großen Kaisers wurde das Frankenreich erneut von Bruderkämpfen im Herrscherhaus erschüttert. Karls Enkel Lothar I., Karl der Kahle und Ludwig der »Deutsche« führten Kriege um das Erbe ihres Vaters, des Kaisers Ludwig des Frommen, ehe sie sich 843 mit dem Vertrag von Verdun das Reich teilten. Zwischen den Gebieten Karls im Westen und Ludwigs im Osten lag das »Mittelreich«, das sich von der Nordseeküste bis nach Unteritalien erstreckte. Ihm gehörte Köln an. Doch auch nach Verdun ging der Familienzwist weiter, Köln unterstand nun Lothar II., dessen Herrschaftsgebiet als »Lotharingien« benannt wurde. Lothar starb 869, nachdem er wegen seiner zweiten Heirat eine lange Auseinandersetzung mit der Kirche geführt hatte. In diesen »Ehestreit« war auch der Kölner Erzbischof Gunthar verwickelt, der wahrscheinliche Erbauer des Alten Domes. Die Könige der Ost- und Westfranken nutzten diesen Streit, um sich ein Jahr nach Lothars Tod über eine Aufteilung des Mittelreichs zu einigen.

Der karolingische Dom

Wie sein Vorgängerbau hatte der karolingische Dom eine Länge von etwa 90 Metern, auch die Lage des Peterschores im Westen und des Marienchores im Osten wurde nicht verändert. Neben zwei runden Glockentürmen an der westlichen Querhauswand wurde der Bau von zwei hölzernen Vierungstürmen überragt, die über dem Langhausdach errichtet wurden. Im Westen schloss sich ein fast 100 Meter langes Atrium an, das bis an die alte römische Hauptstraße am römischen Nordtor reichte. Eine der wenigen Darstellungen des karolingischen Domes zeigt im oberen Teil das Widmungsbild des Hillinus-Codex aus dem Jahr 1030.

Doch Zerstörung und Bedrohungen kamen auch von außen – die Kölner litten unter Hungersnöten, Seuchen und Naturkatastrophen. So richtete ein Unwetter im September 857 schwere Schäden an, im Dom wurden drei Menschen durch Blitzschlag getötet. Weil Erzbischof Gunthar exkommuniziert worden war, konnte die Kathedrale erst am 27. September 870 von Gunthars Nachfolger Willibert geweiht werden.

Im April 879 hatte sich eine normannische Flotte an der Scheldemündung festgesetzt. Die Nordmänner unternahmen mit ihren schnellen Schiffen Vorstöße bis an Maas, Nieder- und Mittelrhein. Nach der Zerstörung von Nimwegen, Lüttich und Maastricht sollen sie auch Köln bedroht haben: »Sie steckten die Städte Köln und Bonn mit ihren Kirchen und Gebäuden in Brand«, heißt es in einem zeitgenössischen Bericht. Als sie, mit unermesslicher Beute beladen, die Stadt verließen, hätten der Dom, St. Severin und St. Gereon die Katastrophe überstanden – Stiftskirche und Kloster »der heiligen Jungfrauen« (später St. Ursula genannt) sowie St. Cäcilien seien jedoch niedergebrannt. Tatsächlich finden sich von den Brandschatzungen keine Zeugnisse – vermutlich haben die Chronisten übertrieben, denn der städtische Aufstieg hielt an.

St. Ursula, *die Kirche der »hl. Jungfrauen«.*
Ansicht von Südosten (Zeichnung von 1664/65).

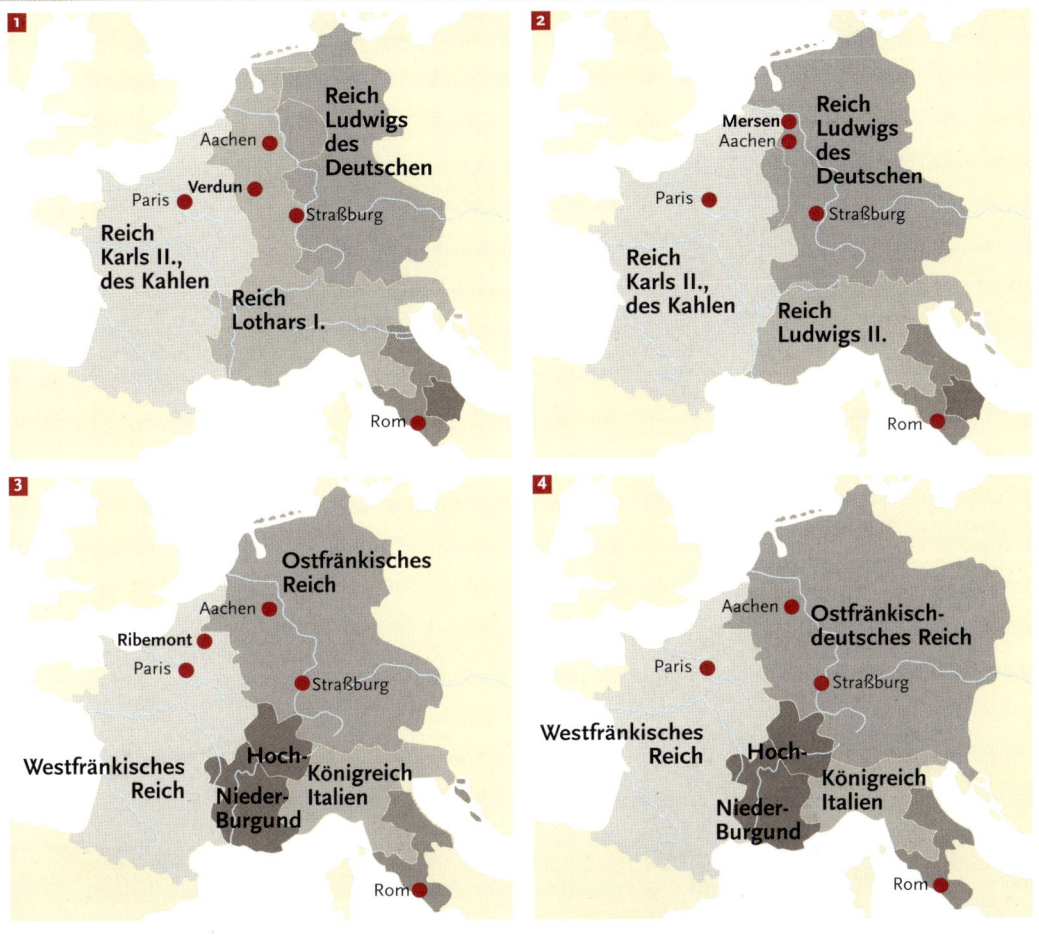

Die fränkischen Reichsteilungen:
1 Vertrag von Verdun 843 **2** *Vertrag von Mersen 870*
3 Vertrag von Ribemont 880 **4** *Die Nachfolgestaaten*
des fränkischen Großreiches um 955.

Köln fiel zu Beginn des 10. Jahrhunderts noch einmal an die westfränkischen Karolinger. Innere Wirren im Westreich nutzte dann Heinrich I., der erste »sächsische« König der Ostfranken, um Lothringen unter seine Herrschaft zu bringen. Nach zwei Feldzügen erkannten die lothringischen Großen, darunter der Kölner Erzbischof, den Herrscher im Jahre 925 als ihren rechtmäßigen König an: Köln gehörte fortan zum Ostfränkischen Reich, aus dem sich das Heilige Römische Reich entwickelte, das im Spätmittelalter den Zusatz »Deutscher Nation« erhielt.

UNTER DER HERRSCHAFT
DER ERZBISCHÖFE

Erzbischof Brun *führt als Zeichen seiner weltlichen Macht in der rechten Hand eine Lanze, in der linken hält er ein Modell des von ihm begründeten Klosters St. Pantaleon (Handschrift aus St. Pantaleon von 1230).*

ERZBISCHOF BRUN ALS
WELTLICHER HERR DER STADT

Der bedeutendste ostfränkische König war Otto der Große. 936 folgte er seinem Vater Heinrich I. auf den Thron. Schon drei Jahre später sah er sich genötigt, in Lothringen einzugreifen; die führenden Familien des Herzogtums verweigerten dem König ihre Anerkennung. Nach der Niederschlagung mehrerer Aufstände beauftragte der König schließlich seinen jüngsten Bruder Brun, den »Klerus und Volk« (so heißt es in der Überlieferung) im Juli 953 zum Kölner Erzbischof gewählt hatten, mit der Verwaltung des Herzogtums Lothringen. In Köln amtierte Brun fortan als geistlicher und weltlicher Herr. Als Herzog (lat. *dux*) und Erzbischof (*archiepiscopus*) – in einigen Quellen wird er bisweilen als *archidux* bezeichnet – verkörperte Brun den Prototyp des ottonischen Reichsbischofs. Alle Königsrechte, die Gerichtsbarkeit, das Markt- und Befestigungsrecht und die Münzhoheit, lagen fortan für den Bereich der Stadt in den Händen des Erzbischofs.

Brun hat wahrscheinlich eine neue Pfalz (lat. *palatium*) in der Nähe des Domes errichten lassen, die seinem Bruder bei dessen häufigen Besuchen in Köln als repräsentativer Wohnsitz diente. Er ließ den Alten Dom erweitern, der mit seinen fünf Seitenschiffen der Peterskirche in Rom vergleichbar wurde. Zeugnisse seines geistlichen Wirkens sind vor allem die Gründungen der

Das sogenannte Gero-Kreuz *aus dem 10. Jahrhundert, das älteste bekannte Großkreuz des Abendlandes (Dom).*

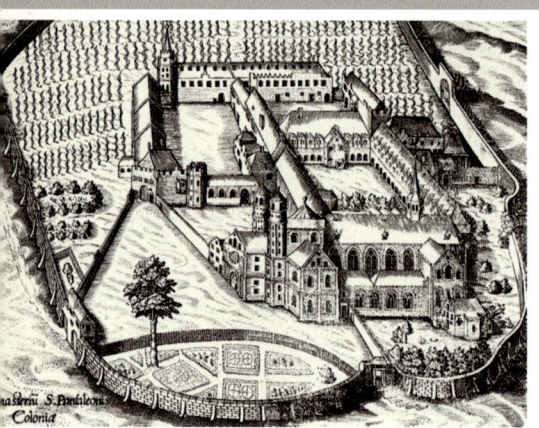

Die Immunität des Klosters St. Pantaleon, *das von Erzbischof Brun gestiftet wurde (Darstellung aus dem 17. Jahrhundert).*

Stifte St. Andreas und St. Martin sowie des Benediktinerklosters St. Pantaleon, das vor der südwestlichen Stadtmauer erbaut wurde.

Brun starb im Oktober 965 – auf einer diplomatischen Mission im Westfrankenreich ereilte ihn in Reims ein plötzlicher Tod. Unter großer Anteilnahme der Bevölkerung wurden seine sterblichen Überreste nach Köln überführt. In seiner Gründung St. Pantaleon fand er seine letzte Ruhestätte, wo Jahre später auch die Gemahlin seines Neffen, die Kaiserin Theophanu, bestattet wurde. Aus vornehmem byzantinischen Geschlecht stammend, hatte sie 972 Otto II. geheiratet. Nach dem frühen Tod ihres Mannes übernahm sie die vormundschaftliche Regierung für ihren minderjährigen Sohn Otto III., dessen Herrschaft sie mit Hilfe des Mainzer Erzbischofs Willigis sicherte. Am 15. Juni 991 starb Theophanu in Nimwegen. Auf eigenen Wunsch erhielt sie ihre Grabstätte im Benediktinerkloster vor den Toren der Stadt.

DIE NACHFOLGER BRUNS BIS ZUR MITTE DES 11. JAHRHUNDERTS

Bruns Nachfolger Gero, so wird berichtet, habe den Auftrag zur Herstellung des berühmten Gero-Kreuzes gegeben, das in der Mitte des Alten Doms aufgestellt wurde. Dieses älteste bekannte Großkreuz des Abendlandes wurde nach neueren Forschungen allerdings erst in der Amtszeit von Erzbischof Everger (985 – 999) angefertigt. Nach Evergers Tod im Juni 999 wurde Heribert, der Kanzler Ottos III., zum neuen Kölner Erzbischof gewählt. Der Kaiser starb bereits im März des Jahres 1002 in Italien, sein Leichnam wurde von Heribert unter großen Fährnissen über die Alpen nach Aachen gebracht. Gemäß einem Versprechen gründete Heribert schon ein Jahr später ein Benediktinerkloster, als Standort bestimmte der Erzbischof das Gelände des alten römischen Kastells Deutz. Ausgestattet wurde die Gründung mit zahlrei-

Medaillon vom Heribertschrein: *Der hl. Heribert, Gründer der Abtei in Deutz, mit König Heinrich II.*

chen Schenkungen, unter anderem der Pfarrkirche Deutz und dem Zehnten aus den Höfen Deutz, Kalk, Vingst, Poll, Rolshoven und Westhoven. Durch Heriberts Großzügigkeit erhielt das Kloster zudem ein Viertel des Königsforstes.

Im Mai 1020 konnte Heribert, der zuvor mehrfach gezwungen war, Maßnahmen zur Bekämpfung von Hungersnöten im Kölner Raum anzuordnen, das Kloster weihen. Nur ein Jahr später, am 16. Mai 1021, starb er; in der Deutzer Abteikirche wurde er begraben. Schon wenige Jahre später verehrten ihn die Gläubigen in Köln und Umgebung als Heiligen.

In Gegenwart von Kaiser Heinrich II. wurde der Bamberger Propst Pilgrim am 29. Juni 1021 im Dom zum neuen Erzbischof gewählt. Auch wenn die zeitgenössischen Quellen nur wenig über ihn zu überliefern wissen – ein unbedeutender Kirchenfürst war Pilgrim keineswegs. Er krönte die Gemahlin Konrads II. zur Königin und den jungen Heinrich III. im Jahre 1028 zum deutschen König. Damit war das Recht der Kölner Erzbischöfe, die Krönung in Aachen vorzunehmen, auf längere Zeit gesichert. Von Pilgrims Wirken in Köln ist nur die Errichtung von St. Aposteln bekannt: Anstelle einer älteren Kirche von »wenig bedeutender Gestalt«, die außerhalb der römischen Mauer lag und den Aposteln geweiht war, entstand eine doppelchörige Basilika mit westlichem Querhaus. Der Erzbischof hat seiner Kirche wertvolle Reliquien verschafft: Aus Rom brachte er die Häupter der Märtyrer Felix und Adauctus mit. In der Tradition des Stiftes St. Aposteln wurde später der hl. Heribert als Gründer gefeiert. Eine Tafel, die im Sarkophag Pilgrims in St. Aposteln gefunden wurde, teilt indessen eindeutig mit: »Im Jahre der Menschwerdung des Herrn 1036 am 25. August starb Erzbischof Pilgrim, der Gründer dieser Kirche«.

DIE KÖLNER BÜRGERSCHAFT UND ERZBISCHOF ANNO II.

Erzbischof Anno *Abbildung aus der »Darmstädter Anno-Vita«, um 1180, Kloster Siegburg.*

In der Amtszeit von Pilgrims Nachfolger Hermann II. wurde die Stadtherrschaft der Erzbischöfe weiterhin ausgebaut. Schon Pilgrim hatte die Münzhoheit erlangt. In der Kölner Münzstätte wurde fortan der »Kölner Pfennig« geprägt, eine der führenden Währungen des Reiches. Der Burggraf saß als Stellvertreter des Erzbischofs dem Hochgericht vor und stand an der Spitze der Ministerialen (Dienstleute), die die Stadtregierung wahrnahmen, Zölle für den Erzbischof einzogen und die Aufsicht über Markt und Handel ausübten. Das Hochgericht entschied über Rechtsfälle, in denen es um Leben, Eigentum, Ehre und Freiheit ging. Dem edelfreien Burggrafen standen die Schöffen zur Seite, das älteste Amtleutekolleg der Stadt, und der Stadtvogt, ein erzbischöflicher Ministeriale.

So entstand in den Grenzen des Stadtgebietes ein vom Umland abgehobener Rechtsbereich. Im Gegensatz zur Landbevölkerung hatten die Bürger Herrenrechte an ihrer Person und ihrem Eigentum allmählich abgeschüttelt. Als Vertretung der Bürgerschaft bildete sich in dieser Zeit eine neue Oberschicht, wohlhabende Kaufleute und Händler, die die »Ersten« (lat. *primores*) genannt wurden.

Beim Amtsantritt Annos II. (1056) war die seit 100 Jahren andauernde weltliche Stadtherrschaft der Erzbischöfe fest verankert. Anno verdankte seine Erhebung Kaiser Heinrich III., der ihn zum neuen Erzbischof bestimmte. Schon die Zeitgenossen rühmten Anno als großen Kirchengründer – 1059 begründete er das Stift St. Georg und 1070 die spätere Pfarrkirche St. Jakob.

In seiner Stadt Köln war Anno wegen seines hochfahrenden Wesens nicht sonderlich beliebt. Die Bürger betrachtete er offensichtlich als Unfreie – und nahm infolgedessen keine Rücksicht auf das Selbstwertgefühl der führenden Schichten. Zu Ostern des Jahres 1074 hatte Anno den Bischof von Münster zu Gast. Um ihm eine bequeme Heimreise zu ermöglichen, ließ Anno kurzerhand ein beladenes

Die Rückseite des Kölner Pfennigs, *mit der Schrift »Sancta Colonia«.*

Schiff eines Kaufmanns beschlagnahmen. Der Sohn des Kaufmanns widersetzte sich dieser Maßnahme und vertrieb mit Hilfe herbeigeeilter Bürger die Knechte des Erzbischofs. Die aufgebrachten Kölner zogen anschließend vor Annos Palast und belagerten die Residenz. In höchster Not gelang es Anno, in den Dom zu flüchten. Durch den Schlafsaal eines Domherren gelangte er schließlich in ein Haus an der Römermauer, wo ihm ein frisch gebrochener Stollen die Flucht aus der Stadt ermöglichte.

Aufstand gegen den Erzbischof 1074 Nach der Flucht aus Köln sammelte der Anno II. ein Heer in Neuss. Vier Tage später stand er vor der Stadt, die angesichts der großen Überzahl der Bewaffneten keinen weiteren Widerstand leistete und sich dem Erzbischof auf Gnade und Ungnade ergab; 600 der reichen Bürger, die die Rache des Erzbischofs fürchteten, flohen aus Köln. Über die Rädelsführer aber, die barfuß vor Anno erschienen, erging ein strenges Strafgericht. Anno II. starb bereits ein Jahr nach der Niederwerfung dieses ersten Aufstandes gegen die bischöfliche Stadtherrschaft. Auf seinen Wunsch wurde er im Benediktinerkloster Siegburg beerdigt.

KREUZZUGSBEGEISTERUNG UND JUDENHETZE, STADTERWEITERUNGEN UND RELIQUIENKULT

Vor dem ersten Kreuzzug (1096–1099), zu dem Papst Urban II. aufgerufen hatte, kam es auch im Rheinland zu antijudaischen Ausschreitungen: Von Wanderpredigern als Feinde Christi verdammt, wurden die Juden vielerorts zur Taufe gezwungen oder brutal niedergemetzelt. In Köln ist ein jüdisches Viertel erstmals zur Zeit Annos II. belegt; es befand sich im östlichen Teil der Stadt in der Nähe der Marspforte. Der Judenpogrom vom Mai 1096 dauerte drei Tage. Voraustrupps von »Kreuzfahrern« fielen in das jüdische Viertel ein, das im Verlauf des Pogroms in Flammen aufging, auch die Synagoge wurde zerstört. Nur mit Mühe gelang es dem Erzbischof Hermann, den Verfolgungen Einhalt zu gebieten und die dem Gemetzel entronnenen jüdischen Familien in sieben Orten der Umgebung unterzubringen, wo sie allerdings weiteren Gruppen von Kreuzfahrern in die Hände fielen. Etwa 200 Kölner Juden wurden so umgebracht.

Die mittelalterliche Mikwe
auf dem Rathausplatz.

Kölns zweites, gotisches Stadt-siegel *aus der zweiten Hälfte des 13. Jahrhunderts (Siegelstempel).*

Zehn Jahre später wurde die Bürgerschaft in einen anderen Kon-flikt hereingezogen, die Auseinandersetzungen zwischen Kaiser Heinrich IV. und seinem Sohn, dem späteren Kaiser Heinrich V. Der junge König befürchtete, die Politik seines Vaters werde dem salischen Herrscherhaus Adel und Fürsten auf Dauer entfremden: Daher erhob er sich gegen den Kaiser, der in Haft genommen und zum Thronverzicht gelungen wurde. Der Kölner Erzbischof Friedrich I. hatte die Partei des jungen Heinrich ergriffen, die Bür-ger neigten indessen dem Vater zu – und so öffneten die Kölner dem aus der Haft geflüchteten Heinrich IV. die Tore der Stadt, aus der sie den Erzbischof vertrieben hatten. Der Kaiser ermächtigte daraufhin die Bürgerschaft, die Befestigungsanlagen zu verstärken und zugleich jene Siedlungen, die vor der Römermauer entstanden waren, in den Mauerring einzubeziehen: im Norden Niederich, im Westen das Viertel um St. Apos-teln und im Süden Oversburg, das sich um St. Georg gruppierte. Die neuen Wehran-lagen von 1106, eilig errichtete Wälle und Gräben, lehnten sich halbkreisförmig an die Römermauer an. Noch heute erinnern Straßennamen wie Alte Wallgasse, Katharinen-graben und Perlengraben an ihren Verlauf. Als Heinrich V. mit einem Heer vor Köln erschien, bewährten sich die neuen Befestigungen erstmals – ein Sturmangriff wurde abgewehrt, die einmonatige Belagerung wurde ergebnislos abgebrochen.

In Köln wurde dann auch 1114 eine große niederrheinische Fürstenrevolte gegen Heinrich V. beschworen, der Erzbischof und Bürgerschaft in seltener Eintracht angehörten. Seit dieser Zeit führten die Schöffen – wahrscheinlich mit Einverständnis des Erzbischofs – ein eigenes Siegel mit der Umschrift: »Heiliges Köln, durch Gottes Gnade der römischen Kirche treue Tochter«.

Um 1135 wird auch erstmals ein Rathaus, das »Haus der Bürger« (lat. *domus civium*), erwähnt, das im Judenviertel lag. Auf unterer Ebene waren die Bürger in den Kirchspielen oder »Sondergemeinden« organisiert, von denen es nach 1106 neun gab: St. Laurenz, St. Alban, St. Kolumba, St. Peter, Klein St. Martin, St. Aposteln, St. Brigida sowie die Vorstädte Niederich und Oversburg. In den Kollegien der gewesenen Amtleute der Sondergemeinden entstanden bruderschaftlich organisierte Verbände, die sich auf dem Gebiet der freiwilligen Gerichtsbarkeit und im Grundbuchwesen (mit den sogenannten »Schreinskarten«) Kompetenzen aneigneten.

Die Erfolge des ersten Kreuzzuges (1096 – 1099), der zur Eroberung Jerusalems geführt hatte, schienen in Frage gestellt, als die nördliche Bastion der Kreuzfahrerstaaten, Edessa, im Jahre 1144 verloren ging. Wiederum wurden die christlichen Länder Europas von einer Welle der Kreuzzugsbegeisterung erfasst – und erneut kam es zu Ausschreitungen gegen jüdische Gemeinden. Erzbischof Arnold I. stellte im September 1146 den Kölner Juden seine Feste Wolkenburg als Zufluchtsstätte zur Verfügung, dort

Das Martyrium der hl. Ursula *und ihrer Gefährtinnen: Das Gemälde aus dem Jahr 1411 enthält die erste – halbwegs realistische – Stadtansicht von Köln.*

Der Einzug der Heiligen Drei Könige nach Köln
(Zeichnung aus dem 17. Jahrhundert).

überlebten die meisten die Verfolgungsaktionen.

Zu Beginn des 12. Jahrhunderts war in Köln ein regelrechtes Reliquienfieber ausgebrochen. Beim Mauerbau von 1106 hatte man in der Nähe der Ursulakirche römische Gräberfelder entdeckt, die man als vermeintliche Ruhestätte der heiligen Jungfrauen identifizierte. Sofort setzte ein emsiges Suchen nach Märtyrergebeinen ein, die Legende der hl. Ursula und ihrer Gefährtinnen wurde ungeheuer populär (und die Zahl ihrer Begleiterinnen stieg von ursprünglich elf auf 111 und schließlich auf elftausend). Dass man Gebeine von Kindern und Männern auf dem *ager Ursulanus* (dem Feld der hl. Ursula) fand, erklärten die Mönche der Benediktinerabtei Deutz damit, dass auch eine Reihe von Klerikern die Jungfrauen begleitet hätten, um mit ihnen den Märtyrertod zu erleiden.

Die bedeutendsten Reliquien, die die Stadt im Mittelalter zu einem Wallfahrtsort von europäischem Rang machten, brachte Erzbischof Reinald von Dassel nach Köln: die Gebeine der Heiligen Drei Könige. Reinald war seit 1156 Reichskanzler, drei Jahre später wurde er auf ausdrücklichen Wunsch Kaiser Friedrichs I. zum Erzbischof von Köln gewählt. Nicht einmal zwölf Monate seines Pontifikates hielt sich Reinald in seinem Bistum auf, stattdessen kämpfte er zumeist an der Seite des Kaisers in Italien gegen Papsttum und Lombarden. 1162 gelang es Friedrich Barbarossa, Mailand, das Haupt der lombardischen Städte, zu erobern. Dabei fiel den Siegern auch ein Sarg mit drei Leibern in die Hände, der erst wenige Jahre zuvor in der Kirche St. Eustorgius gefunden worden war. Man hatte den Fund als die Gebeine der drei Weisen aus dem Morgenland gedeutet, mittlerweile wurden sie als die »Heiligen Drei Könige« verehrt. Barbarossa übergab die Reliquien seinem Freund Reinald: »Niemand diente dem Kaiser in Italien mit größerer Treue und Ergebenheit als der Kölner Erzbischof« – so begründete ein Chronist das Geschenk.

Brustbild des Erzbischofs Reinald von Dassel, *Detail vom Dreikönigenschrein (Dom).*

Eigelsteintor

St. Kunibert

St. Ursula

Gereonstor

4 St. Gereon

3

Dominikaner-
kloster

St. Christoph

St. Andreas

St. Lupus

St. Peter

Friesentor

Minoriten-
kloster

Ehrenpforte

St. Kolumba

St. Laurenz

Groß
St. Martin

Hahnentor

3

1

St. Apostein

St. Alban

2

Deutz

Schaafentor

St. Peter und
St. Cäcilien

St. Maria
im Capitol

St. Maria
Lyskirchen

St. Georg

Weyertor

3

Rhein

**Kölnische Stadterweiterungen
im Mittelalter:**

Römerstadt

St. Pantaleon

Erweiterungen vor 956

Bachtor

Erweiterungen 1106

Pantaleonstor

4

Erweiterungen 1180

Ulrepforte

St. Severin

500 m

Severinstor

Am 23. Juli 1164 zog Reinald mit den Gebeinen der Heiligen Drei Könige in Köln ein, wo er mit Glockengeläut »ehrenvoll und glänzend« empfangen wurde, wie die Kölner Königschronik berichtet, »da er die Reliquien zum ewigen Ruhme Deutschlands mitbrachte«. Für die im karolingischen Dom niedergelegten Gebeine schuf dann später der Meister Nikolaus von Verdun den Dreikönigenschrein, eines der schönsten Werke mittelalterlicher Goldschmiedekunst. Zur Verehrung der Heiligen Drei Könige, die als Patrone der Wallfahrer und Reisenden galten, strömten fortan ungezählte Pilger nach Köln.

Reinald, der sich seit 1163 einen prächtigen Palast an der Südseite des Domes errichten ließ, starb schon 1167 vor Rom an der Malaria. Zu seinem Nachfolger wählten Klerus und Volk wieder einen engen Vertrauten des Kaisers, den Reichskanzler Philipp von Heinsberg. Im Rahmen seiner Territorialpolitik in Westfalen traf Philipp auf einen mächtigen Gegner – den Herzog von Sachsen, Heinrich den Löwen. Ihre Dauerfehde, die auch dem Rheinland Krieg und Verheerung brachte, nutzten die Kölner Bürger schließlich, um die Stadt mit einem neuen Befestigungssystem zu umgeben. Gegen den Willen des Erzbischofs begannen sie 1179/80 mit dem Bau von Wehranlagen, die die Stadt im Halbkreis umgeben sollten – damit wurde das städtische Areal verdoppelt. Im August 1180 stimmte auch Philipp von Heinsberg dem Mauerbau zu. Über 60 Jahre sollte es dauern, bis die imposanten Festungswerke fertig gestellt waren, die auch die Bezirke von St. Pantaleon, St. Severin, St. Mauritius und St. Gereon sowie verschiedene Höfe und Handwerkersiedlungen ins Stadtgebiet einbezogen. Die neue Mauer hatte eine Gesamtlänge von siebeneinhalb Kilometern. Mit zwölf gewaltigen Torburgen und 52 Wehrtürmen umschloss sie eine Fläche von 405 Hektar.

DAS 13. JAHRHUNDERT: ERZBISCHOF UND BÜRGERSCHAFT RINGEN UM DAS STADTREGIMENT

Im Laufe des 12. Jahrhunderts war die Einwohnerzahl Kölns ständig gestiegen – sie lag bei weit über 20 000. Mitverantwortlich für diese Zunahme waren vor allem zahlreiche Zuwanderer, die sich in der Stadt niederließen. Sie stammten zumeist aus der näheren ländlichen Umgebung Kölns, darunter waren viele Hörige, die sich so ihrer Grundherrschaft entzogen. Aber auch entfernte Regionen wie Hessen und Franken, Holland, England und Dänemark waren Herkunftsgebiete Kölner Neubürger: Damit sind auch die weit gespannten Handelsbeziehungen benannt, die Kölner Kaufleute aufgebaut haben. Vor allem der Handel mit England hatte eine lange Tradition – der Austausch von Rheinwein gegen englische Wolle war das Herzstück dieser Beziehungen.

An die Spitze der Kölner Bürgerschaft gelangten am Ende des 12. Jahrhunderts die Vorsteher der aus den reichsten Männern gebildeten *Richerzeche.* Diese Körperschaft – der Begriff wird als Spottname gedeutet, den die »Reichen« aus Hochmut übernahmen – hatte sich um 1120/30 gebildet. Wie jede Bruderschaft hatte auch die *Richerzeche* Vorsteher, die *magistri civium* (Bürgermeister), ein Amt, das im jährlichen Wechsel von zwei Bruderschaftsmitgliedern ausgeübt wurde. Von einem Kölner »Rat«

ist erstmals im Jahre 1216 die Rede, als Erzbischof Engelbert I. dieses Gremium, das sich wohl eigenmächtig gebildet hatte, auflöste.

Erzbischof Engelbert I. – Engelbert-
schrein aus dem Jahre 1633 (Dom).

    Engelbert, dem bergischen Grafenhaus entstammend, war
gerade 21 Jahre alt, als er sein Amt antrat. Mit Hilfe der Reichsgewalt versuchte er, das
von seinen Vorgängern zerrüttete Kölner Erzstift zu reorganisieren und seine Her-
zogsgewalt im Rheinland und in Westfalen auszubauen. In »seiner« Stadt Köln nutzte
Engelbert geschickt Streitigkeiten zwischen Schöffen und Zünften zu energischem
Eingreifen – er gab der Bürgerschaft neue Satzungen und regelte auch die Rechtsprechung neu. Im Verlauf einer Fehde um Vogteirechte des Essener Stiftes wurde Engelbert am 7. November 1225 ermordet. In Köln versuchten die Bürger die Situation
auszunutzen, indem sie Engelberts Satzungen verbrannten und ein Bündnis mit dem
Herzog von Limburg schlossen, einem der erbittertsten Widersacher des Ermordeten.
»Herr, Ihr seid ein guter Herzog, aber kein guter Bischof.« Ein einfacher Mönch aus
dem Rheinland soll das geistliche Wirken Engelberts so beurteilt haben – ein wenig
zu negativ: Im Verlauf seines Pontifikates fanden schließlich Bettelmönche und Beginen Aufnahme in Köln. Die Niederlassungen der Domi-
nikaner und Franziskaner sowie die Beginenhäuser (in
denen sich ordensähnliche Gemeinschaften von Frauen
niederließen) haben das religiöse Leben in Spätmittelalter und Früher Neuzeit außerordentlich mitgeprägt.

    Der Konflikt zwischen Bürgern und Erzbischof
eskalierte dann erneut unter dem Erzbischof Konrad von
Hochstaden (1238–1261). Konrad, der wie seine Vorgänger dem Erzstift ein geschlossenes Territorium im Rheinland schaffen wollte, wurde in seinen zahlreichen Fehden
zunächst von den Bürgern unterstützt. Er vergalt den

Albertus Magnus, *Fresco im Kapitel-*
saal der ehemaligen Dominikanerabtei
San Niccolò in Treviso (1352).

Kölnern diese Unterstützung durch eine städtefreundliche Politik. So bestätigte er ihnen 1239 zweimal das Recht der »Nichtevokation«, das heißt das Recht, dass kein Bürger vor ein auswärtiges Gericht geladen werden dürfe. 1240 überließ er der Stadt zudem den wichtigen »Bierpfennig«, eine einträgliche Steuer; doch als der Erzbischof 1252 »zum Schaden von Arm und Reich« eine neue – verschlechterte – Münze schlagen wollte, kam es zu ersten tief greifenden Meinungsverschiedenheiten, die dazu führten, dass Konrad die unbotmäßige Stadt schließlich von der Rheinseite aus belagern und beschießen ließ – allerdings vergeblich. Unter Vermittlung des Lesemeisters der Dominikaner, Albertus Magnus, wurde dann ein Vergleich geschlossen, der *Kleine Schied*.

Nach einigen Jahren trügerischer Ruhe brach der Kampf erneut aus – bei Frechen unterlagen die Truppen des Erzbischofs den Kölnern. Im Frühjahr 1258 wurde zunächst ein Waffenstillstand geschlossen. Noch einmal musste Albert die Rolle des Schlichters übernehmen; es galt,

Auf dem Höhepunkt seiner Macht erteilte **Konrad von Hochstaden** im Jahre 1259 das »Stapelrecht«: Jeder an- und durchreisende Kaufmann war dadurch verpflichtet, seine Waren für eine bestimmte Zeit in Köln auszuladen und den Einwohnern und Händlern ein Vorkaufsrecht einzuräumen – einer der Grundpfeiler der Kölner Wirtschaftskraft in Mittelalter und Früher Neuzeit. *Bild: Erzbischof Konrad von Hochstaden (Grabmal im Kölner Dom).*

eine Lösung zu finden, die den Anspruch der Bürger auf innere Eigenständigkeit berücksichtigte, ohne den Erzbischof in seinen Rechten einzuschränken. Der *Große Schied* sprach dem Erzbischof weiterhin die höchste geistliche und weltliche Macht zu. Er sollte zugleich als Schutz- und Schirmherr der Stadt nach außen hin fungieren. Die städtische Selbstverwaltung erhielt dagegen noch mehr Spielraum.

Dass er Herr der Stadt Köln »in geistlichen und weltlichen Dingen« sei, wollte Konrad ein Jahr später bestätigt wissen – er entschloss sich, den Spruch mit Waffengewalt durchzusetzen und die Stadt wieder unter seine volle Botmäßigkeit zu zwingen. Dabei nutzte er Spannungen in der Bürgerschaft aus und vertrieb mit Hilfe der Zünfte die führenden Vertreter des Patriziats aus der Stadt: Konrad konnte sich fortan als unumschränkter Herr Kölns fühlen.

Konrad von Hochstaden legte zudem am 15. August 1248 den Grundstein des »neuen«, des gotischen Doms. Träger des Baugedankens waren indessen die Domherren; sie hatten im Frühjahr 1247 den Entschluss gefasst, den karolingischen Dom durch einen Neubau zu ersetzen. Bei den Abbrucharbeiten gerieten große Teile des alten Doms durch Fahrlässigkeit in Brand. Es sollte dann über 70 Jahre dauern, ehe mit der Weihe des Chores ein erster Bauabschnitt beendet wurde.

Nur ein Jahr vor dieser Grundsteinlegung hatte Konrad den Neubau von St. Kunibert geweiht – mit diesem Kirchenbau ging in Köln die Epoche der Romanik zu Ende. Neben den Stiftskirchen (St. Gereon, St. Severin, St. Kunibert, St. Andreas, St. Georg, St. Aposteln, St. Mariengraden, St. Ursula, St. Maria im Kapitol und St. Cäcilien) prägten vor allem die Klöster und ihre Kirchen das Bild der Stadt. Stätten mittelalterlicher Gelehrsamkeit waren vor allem das Dominikanerkloster an der Stolkgasse und das Minoritenkloster. 1248 errichteten die Dominikaner in Köln eine theologische Hochschule für den Ordensnachwuchs, das »Generalstudium«. Der berühmte Theologe Albertus Magnus, der an der Pariser Universität lehrte, wurde zum »Lesemeister« berufen – seine Tätigkeit begründete den Ruf Kölns als Zentrum der Wissenschaft. Im Franziskanerkloster im Kirchspiel St. Kolumba – die Schüler des hl. Franziskus nannten sich »mindere Brüder« (Minoriten) – wurde 1260 ebenfalls ein Generalstudium begründet; Pflege der Wissenschaft, Unterrichtung der Mitbrüder und Belehrung des Klerus waren die Ziele, die sich die Lehrer setzten.

Konrad von Hochstaden starb am 18. September 1261. Mit seinem Nachfolger Engelbert II. von Falkenburg kam es schon nach wenigen Monaten zu ersten Auseinandersetzungen. Im Frühjahr 1262 erschien Engelbert mit Heeresmacht vor der Stadt und ließ sich die Stadtschlüssel aushändigen. Seine Truppen verteilte er auf die gerade vollendeten Türme am südlichen und nördlichen Rheinufer, Bayen- und Kuniberts-

St. Kunibert mit Immunitätsmauer,
Ansicht von Südwesten (Zeichnung von 1664/65).

Burg Nideggen in der Eifel, *auf der 1242 Erzbischof Konrad von Hochstaden und 1267–1271 Erzbischof Engelbert II. von Falkenburg in Haft gehalten wurden, war im 14. Jahrhundert Residenz der Markgrafen und Herzöge von Jülich.*

turm. Die erzbischöflichen Geldforderungen lösten eine Welle der Empörung aus, die führenden Familien und die Bruderschaften der Handwerker beendeten ihren jahrelangen Streit und riefen die Bürger zu den Waffen. Am 8. Juni 1262 gelang es den Kölnern nach hartem Kampf, die zu Zwingburgen ausgebauten Türme einzunehmen und die Besatzer zu vertreiben. Der Erzbischof stimmte schließlich einer Einigung zu – Köln zahlte 6 000 Mark Bußgeld, Engelbert erkannte die Rechtsgültigkeit des *Großen Schieds* an. Drei Jahre später musste Engelbert eine weitere Schlappe einstecken: Während er selbst nach einer Fehde als Gefangener des Grafen von Jülich auf der

Burg Nideggen einsaß, brachen in Köln Zwistigkeiten unter zweien der vermögendsten Familien aus – die bisher führenden »Weisen« wurden von den Overstolzen, einem Clan, der im Filzengraben und in der Rheingasse zu Hause war, abgelöst. Mit Hilfe der entmachteten »Weisen« wollte Engelbert die Stadt erobern lassen. In der Nacht zum 15. Oktober 1268 misslang der Überfall an der Ulrepforte: Die Mehrheit der Familienverbände stellte sich auf die Seite der Overstolzen, die Eindringlinge wurden zurückgeschlagen.

Die Overstolzen gehörten später zu jenen Kräften, die die Stadt in den Waffengang mit Engelberts Nachfolger, Siegfried von Westerburg, führten. Der neue Erzbischof hatte 1277, zwei Jahre nach seinem Amtsantritt, eine Burg des Grafen von Jülich in Worringen erobert. Den Bürgern war für diesen Fall versprochen worden, dass auch die erzbischöfliche Burg in Worringen, deren Besatzung dem Kölner Handel großen Schaden zufügte, niedergelegt werde. Dieses Versprechen hielt Siegfried nicht ein. Bei nächster Gelegenheit, im Verlauf des sogenannten Limburger Erbfolgekrieges, schlug sich die Bürgerschaft dann auf die Seite der zahlreichen Feinde Siegfrieds. In dieser Auseinandersetzung stritten zunächst zwei Landesherren der Region, die Grafen Adolf von Berg und Rainald von Geldern, um die Nachfolge im Herzogtum Limburg. Der Berger hatte aber seine Rechte an den Herzog von Brabant verkauft, den größten Konkurrenten der Kölner Erzbischöfe im Kampf um die Vorherrschaft im Nordwesten des Reiches. Daher unterstützte Siegfried die Ansprüche des geldrischen Grafen, der seine Rechte wiederum an den ebenfalls erbberechtigten Grafen Heinrich von Luxemburg abtrat.

Im Juli 1287 hatten die Kölner zwar dem Erzbischof versprochen, ihm die Treue zu halten und sich seinen Feinden nicht anzuschließen – doch als Johann von Brabant im Mai 1288 mit großer Heeresmacht im Rheinland erschien, verbündete sich Köln kurzerhand mit dem Herzog und ließ seine Truppen in die Stadt ein. Bald darauf begannen die Kölner mit brabantischer Hilfe die Belagerung der verhassten Burg in Worringen. Nun eilten auch Siegfried und seine Verbündeten mit einem an Zahl überlegenen Heer heran, um Worringen zu entsetzen.

Am 5. Juni 1288 kam es dann auf der Fühlinger Heide zur größten Ritterschlacht, die je auf rheinischem Boden stattgefunden hat. Den Sieg trugen Johann von Brabant und seine Bundesgenossen davon, Siegfried von Westerburg geriet in die Gefangenschaft des Grafen von Berg. Köln gehörte zu den Siegern – doch ihre Selbstständigkeit hatte die Stadt an diesem Tag indessen noch nicht erkämpft: Auch wenn die Erzbischöfe fortan in Köln nicht mehr residieren konnten – an ihrem Anspruch auf die Stadtherrschaft hielten sie fest.

Johann von Brabant in der Schlacht bei Worringen *am 5. Juni 1288. Abbildung aus der Großen Heidelberger Liederhandschrift (Codex Manesse).*

Die Schlacht bei Worringen
*am 5. Juni 1288. Gemälde
aus dem 16. Jahrhundert.*

DIE PATRIZIER ALS STÄDTISCHE FÜHRUNGSSCHICHT

GESCHLECHTER, ZÜNFTE, GAFFELN

Seit dem 13. Jahrhundert bildete ein Kreis von 15 Familien, die sich selbst als »edle Geschlechter« bezeichneten, die führende Schicht der Stadt.

Die Vertreter der Geschlechter bildeten nicht nur die Richerzeche, sondern stellten auch die Mitglieder des Schöffenkollegs und des Rates, sie bestimmten die Politik der drei Körperschaften, die im Laufe der Zeit die Verwaltung der Stadt an sich gezogen hatten. Die Angehörigen des Rates, 15 an der Zahl, die jährlich wechselten, gehör-

Die Geschlechter

Die herrschenden Familienverbände waren die Overstolzen, die Scherfgin, von Horn, Aducht, Spiegel, Jude, Lyskirchen, Gryne, Birkelin, Quattermart, Mommersloch, Kleingedank, Gyr, Hirzelin und Hardefust. Der Ursprung dieser Geschlechter, die die Bürgerschaft nach außen vertraten, ist unklar, einige sind wahrscheinlich als erzbischöfliche Ministerialen zu Wohlstand und Ansehen gelangt, andere wurden durch den Fernhandel reich und mächtig. Neben Grundbesitz innerhalb der Stadt verfügten sie zumeist auch über große Besitztümer auf dem Lande; ihre Wohnsitze in der Stadt waren burgähnliche, von starken Mauern umschlossene Häuser.

ten ausnahmslos den Geschlechtern an. Da indessen auch andere Familien nach politischer Macht drängten, kam es zur Bildung eines weiteren Gremiums, des im Jahre 1321 erstmals erwähnten »weiten Rates«; hier bot sich anderen Familien die Möglichkeit, auf das Stadtregiment Einfluss zu nehmen – wohlhabende Kaufleute, Händler und Finanzleute aus den Sondergemeinden stellten die 82 Mitglieder dieses Rates, der gewisse Kontrollfunktionen gegenüber dem alten, dem »engen« Rat übernahm.

Das vermutlich älteste profane Denkmal Deutschlands: *Zur Erinnerung an die Schlacht an der Ulrepforte am 15. Oktober 1268 ließen die Kölner Bürger im 14. Jahrhundert dieses Relief anfertigen (Ausschnitt).*

Die Masse der Bevölkerung, die Frauen, die kleinen Handwerker und Gewerbetreibenden, Gesellen, Mägde und Knechte, Hilfs- und Gelegenheitsarbeiter, war von der politischen Willensbildung ausgeschlossen. Die meisten Handwerks- und Gewerbezweige hatten sich allerdings auch zu Zünften zusammengeschlossen. Ursprünglich waren sie Bruderschaften, in denen sich die Angehörigen einzelner Gewerbe zu religiösen oder karitativen Angelegenheiten zusammenfanden. Allmählich entwickelten sich die Zünfte zu Standesvertretungen, die für die Interessen ihrer Mitglieder zuständig waren. Alle zunftmäßig organisierten Handwerker und Gewerbetreibenden unterlagen den Zunftordnungen; von der Stadtobrigkeit bestätigt, legten diese Zunftbriefe die wirtschaftlichen und organisatorischen Richtlinien für einzelne Betriebe fest; dazu zählten Vorschriften zu Betriebsgrößen und Arbeitszeiten, Produktgüte und Ausbildung.

Das prächtige Zunfthaus der Brauer *auf der Schildergasse, welches 1928 abgerissen wurde (Aquarell aus dem 19. Jahrhundert).*

Die älteste nachweisbare Bruderschaft ist die der Bettzeugweber, die 1149 erstmals erwähnt wird. Sie gehörte später zu jener großen Zunft, die als die angesehenste und mitgliederstärkste galt, der Weberzunft. Die in den Werkstätten der Woll-, Leinen-, Seiden- und Baumwollweber hergestellten Waren – das graue »Kölnische« Tuch, Decken, Möbel- und Dekorationsstoffe, Tisch- und Bettzeug und vieles mehr – stellten mit weitem Vorsprung das wichtigste Handelsgut Kölns dar. Den Webern und den mit ihnen verbundenen Gewerben der Spinner, Wollspüler, Tuchscherer, Färber und Gewandschneider folgten ihrer Bedeutung entsprechend die Waffenschmiede, gegliedert in Harnischmacher, Schildmacher, Helmschmiede, Schwertfeger und Lanzenmacher.

Aber auch die Gold- und Silberschmiede, die den Kirchen wertvolle Reliquienschreine und prunkvolle Messgeräte lieferten, genossen hohes Ansehen. Weiter sind zu nennen die Glockengießer, Gerber, Riemenschneider, Sattler, Gürtelmacher, Steinmetze, Dachdecker, Zimmerer, Drechsler, Schuhmacher, Fassbinder, Seiler oder die Innungen der Nahrungsmittelgewerbe, die Bäcker, Fleischer und Brauer. Vielfach

wohnten die Zunftgenossen in Straßen und Vierteln zusammen, so etwa
am Rotgerberbach die Gerber, in der Glockengasse die Glocken- und
Topfgießer, in der Streitzeuggasse die Harnischmacher, in der Kupfergasse die Kesselschläger, am Blaubach die Tuchfärber. In
Köln als einziger deutscher Stadt gab es auch Frauen-
zünfte, die der Seiden- und Garnmacherinnen und
Goldspinnerinnen.

Mit den *Gaffeln* traten in der zweiten Hälfte
des 14. Jahrhunderts weitere Gruppierungen auf,
die am politischen Leben Anteil nehmen wollten.
1363/64 wird zum ersten Mal die *Gaffel Eisenmarkt* erwähnt, darin waren die Kaufleute rund um
den Heumarkt vertreten, die in den risikoreichen
Fernhandel eingestiegen waren, aufgrund der
festgeschriebenen Geschlechterherrschaft aber keinen Zugang zur städtischen Elite hatten. Die neue
Gemeinschaft, die sich regelmäßig zu gemeinsamen
Mahlzeiten traf, erhielt ihren Namen von der großen Tran-
chiergabel, mit der sich alle Mitglieder bedienten. Bis 1396 bildeten
sich nach dem Vorbild der Gaffel Eisenmarkt drei weitere Gaffeln.

**Das Zunfthaus der Fassbinder
im Filzengraben** *(Darstellung aus
dem 19. Jahrhundert).*

DIE KÖLNER WIRTSCHAFT IM 14. JAHRHUNDERT

Seine Rolle als führende deutsche Handelsstadt hatte Köln schon im 11. Jahrhundert
erreicht. Schon um das Jahr 1050 schlossen sich Fernhändler zu Gilden zusammen,
größter Handelspartner war damals England. Wein, den die Kölner vom Mittelrhein
und aus dem Elsass bezogen, bildete zunächst das größte Exportgut. Vor allem
aber waren Kölner Metallwaren und Seidenprodukte auf dem englischen Markt sehr
gefragt. Aus England brachte man Wolle, Häute, Schaffelle
und Rohmetalle mit, seit Anfang des 11. Jahrhunderts auch
Tuch und Fisch. Brügge in Flandern war für die Kölner Kaufleute einer der wichtigsten Umschlagplätze. Daneben orientierte sich Köln auch zum brabantischen Antwerpen hin, wo
man sich auch mit Kaufleuten aus Portugal oder mit venezia-
nischen und genuesischen Finanzleuten traf. Das berühmte

Der **grüne Hering** *zählte zu den
Spezialitäten im Kölner Fischhandel;
der »Kölner Brand« kennzeichnete
die Qualitätskontrolle.*

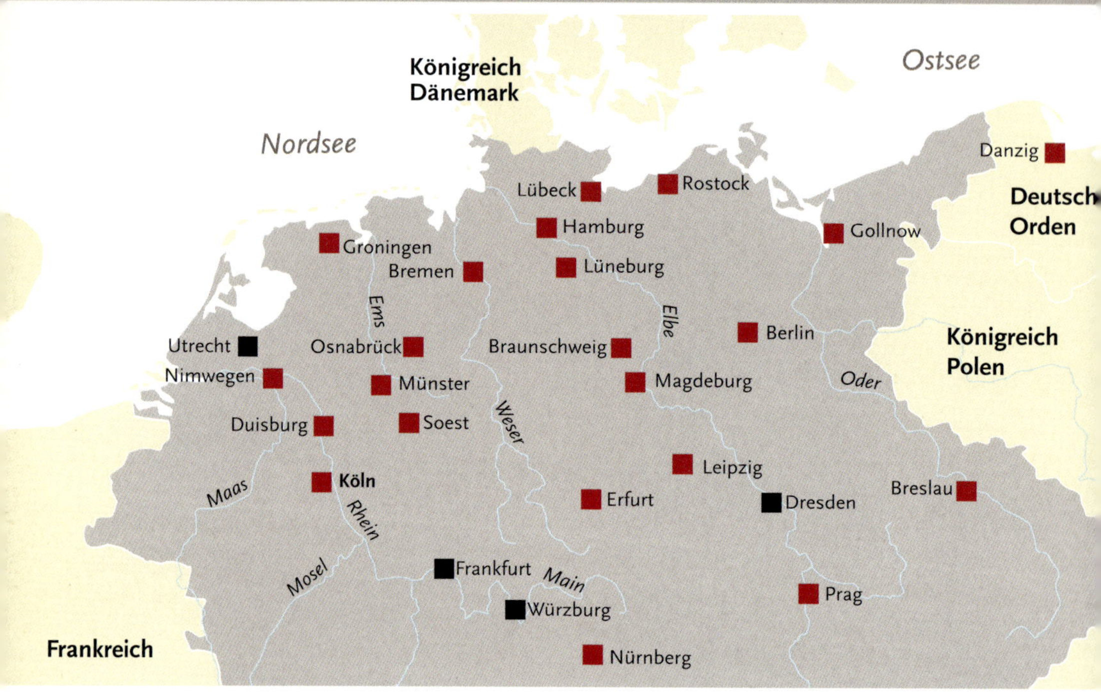

**Königreich
Dänemark**

Ostsee

Nordsee

Danzig ■

**Deutsch
Orden**

Rostock ■

Lübeck ■

Hamburg ■

Gollnow ■

Groningen ■

Bremen ■

Lüneburg ■

Ems

Elbe

Utrecht ■

Osnabrück ■

Braunschweig ■

Berlin ■

**Königreich
Polen**

Nimwegen ■

Münster ■

Magdeburg ■

Oder

Duisburg ■

Soest ■

Weser

Maas

Köln ■

Leipzig ■

Breslau ■

Rhein

Erfurt ■

Dresden ■

Mosel

■ Frankfurt

Main

Prag ■

■ Würzburg

Frankreich

Nürnberg ■

Köln und die Hanse – *Kölner Wirtschaftsbe-
ziehungen im Mittelalter.* ■ = *Hansestädte*

»Kölner Salz« kam aus Portugal; Kölner Spediteure kauften es auf dem Antwerpener Salzmarkt. Ein weiterer Schwerpunkt des Kölner Handels lag in Frankfurt. Über die Frankfurter Messe wurden vor allem Wolltuch und englisches Tuch bis nach Prag, München und Basel verkauft. Kölner Eisen- und Buntmetallwaren gingen von hier aus nach Luxemburg, Paris und Lyon. Das Warenangebot aus Köln galt als hochwertig – der Zusatz »Kölnisch« war der Inbegriff für Qualität in ganz Europa.

Die Handelsbeziehungen zum Wirtschaftsraum rund um die Ostsee waren weniger intensiv, obwohl Kölner Firmen auch in Lübeck und Danzig über eigene Niederlassungen verfügten. Als größte deutsche Fernhandelsstadt trat Köln ohnehin des Öfteren in scharfen Gegensatz zu den Kaufleuten aus Lübeck, Hamburg, Bremen oder Wismar, auch als sich die niederdeutschen Städte in der

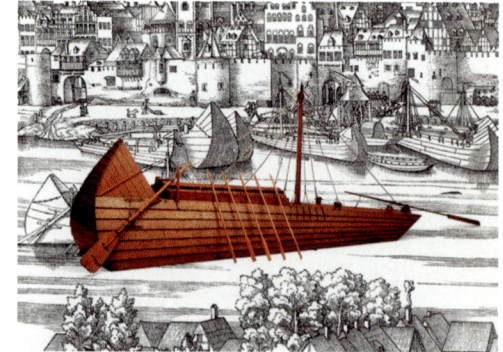

Ein »Oberländer«, *ein oberrheinisches Lastschiff, wird von einem Kran am Rheinufer entladen (Modell vor dem Woensam-Stich).*

Hanse zusammenfanden. Die Anfänge der *Hanse* liegen im Dunkeln; zu *Hansen* (das Wort bedeutet »bewaffnete Schar«) verbanden sich seit dem 11. Jahrhundert Kaufleute, die mit dem Ausland Handel trieben und am Rechtsschutz sowie an Handelsfreiheit interessiert waren. In London gab es eine Kölner Hanse, die König Heinrich II. im Jahre 1176 unter seinen Schutz genommen hatte. Die Kölner besaßen ein eigenes Haus in

Das Stapelrecht

Das schon erwähnte Stapelrecht war eine der Wurzeln der Kölner Wirtschaftskraft. Der Rhein, die Lebensader der Stadt, konnte bis Köln mit Seeschiffen befahren werden. Alle von den Niederlanden herkommenden Waren mussten hier auf kleinere Schiffe umgeladen werden, auf die sogenannten »oberländischen« Schiffe. Umgekehrt verfrachtete man diejenigen Güter, die stromabwärts transportiert wurden, in Köln auf die Seeschiffe, die »Niederländer«. Das Stapelrecht besagte nun, dass die umzuladenden Waren drei Tage in Köln auszustellen, zu »stapeln«, und zum Verkauf an die Bürgerschaft freizugeben waren. Aufgrund des Stapelrechts nahm Köln auch im Handel mit Seefischen eine führende Stellung ein. Kölner Kaufleute, zum Teil spezialisierte Fischgroßhändler, versorgten nicht nur die Stadt, sondern auch das Umland vor allem mit Hering, Stockfisch, Makrelen und Kabeljau. Mit zahlreichen holländischen, seeländischen und zuiderseeischen Städten schloss Köln Verträge ab, in denen Packung, Sortierung und Konservierung der verschiedenen Fischsorten genau geregelt wurden. Die Sendungen, die in Köln ankamen, wurden streng kontrolliert, ordnungsgemäß verpackte und konservierte Ladungen erhielten das städtische Dreikronenbrandzeichen, den »Kölner Brand«, eine in ganz Deutschland bekannte Qualitätsgarantie. Einkaufs- und Umschlagplatz für den Fischhandel wurde später das 1425 errichtete Fischhaus – das heute, nicht ganz zutreffend, Stapelhaus genannt wird. *Bild: Stapelhaus und Zollhaus (1890).*

Themsenähe, die *Gildhalle*. Mit den Konkurrenten aus Hamburg und Lübeck schlossen sie sich erst um 1280 zusammen. Für diese Vereinigung ist damals der Begriff »deutsche Hanse« verwendet worden.

Zu einem großen Städtebündnis entwickelte sich die Hanse erst in der Mitte des 14. Jahrhunderts. Unter Lübecks Führung entstand eine Wirtschaftsgemeinschaft, die den gesamten Handel im Nord- und Ostseeraum kontrollierte. Niederlassungen in Nowgorod und London, Brügge, Bergen und Stockholm waren die Eckpfeiler des hansischen Wirtschaftsraumes, nicht nur Küstenstädte wie Reval oder Riga im Baltikum, Königsberg, Stralsund oder Greifswald schlossen sich an. Bald schon bildeten Städte des Binnenlandes in Pommern, Mecklenburg, Westfalen und im Rheinland die Mehrheit der Hansemitglieder. Auf dem Höhepunkt seiner Geschichte sollen dem Bund mehr als 200 Städte angehört haben. Von der »Städtehanse« spricht man, seit 1356/58 erste Hansetage in Lübeck stattfanden. Auf diesen Versammlungen war Köln, obwohl eingeladen, noch nicht vertreten. Selbst als 1367 ein Hansetag in Köln abgehalten wurde, verharrten die Kölner vorsichtig im Wartestand: Sie traten der »Kölner Konföderation«, die den Krieg gegen den Dänenkönig Waldemar Atterdag beschloss, nicht bei. Erst 1383 nahm Köln zum ersten Mal an einem Hansetag teil – und die Kölner Vertreter beanspruchten hier sofort den führenden Rang, vor Lübeck.

DAS RELIGIÖSE UND GEISTIGE LEBEN IN DER STADT

Das Chorgestühl im Kölner Dom
vom Anfang des 14. Jahrhunderts umfasst 104 Sitze und zählt zu den größten erhaltenen mittelalterlichen Chorgestühlen. Es diente den Domkapitularen, ihren Vertretern und hohen weltlichen sowie geistlichen Besuchern des Domkapitels als Sitzmöbel. Für den Papst und den Kaiser waren eigens Sitze reserviert.

Herausragende Stätten mittelalterlicher Gelehrsamkeit waren die bereits erwähnten Klöster der Dominikaner und Franziskaner. Im Dominikanerkloster an der Stolkgasse hatte der große Albert gelebt und gelehrt, nicht nur ein bedeutender Theologielehrer, sondern auch ein berühmter Naturwissenschaftler. Schon zu seinen Lebzeiten hatte sich ein ganzer Kreis von Sagen um ihn gebildet, viele Kölner hielten ihn für einen Zauberer. Seinem Wirken war es zu verdanken,

Blick in den Hochchor des Kölner Doms, *Sinnbild des himmlischen Jerusalem.*

Die hl. Elisabeth bei der Krankenpflege
(Darstellung aus dem 13. Jahrhundert, Wallraf-Richartz-Museum).

dass das Kölner Generalstudium der Dominikaner sich zu einer Lehranstalt von europäischem Rang entwickelte. An ihr wirkten die hervorragendsten Wissenschaftler der Zeit, nach Albert vor allem Meister Eckhart, der von 1320 bis 1327 hier tätig war. Durch ihn wurde Köln in der ersten Hälfte des 14. Jahrhunderts auch zu einem Mittelpunkt der sogenannten »Mystik«, einer neuen Frömmigkeitsbewegung, die die offiziellen kirchlichen Heilsmittel in den Hintergrund treten ließ. Eckharts Predigten erregten daher Anstoß beim Erzbischof, der ein Inquisitionsverfahren gegen den Dominikaner einleitete. Den Schuldspruch – Verurteilung wegen Häresie – erlebte Eckhart nicht mehr, 1328 starb er in Avignon.

Eine ähnliche Schule wie die Dominikaner hatten 1260 auch die Franziskaner eingerichtet. Am minoritischen Generalstudium war als bedeutendster Gelehrter der in Schottland geborene Johannes Duns Scotus tätig, auch er kam von Paris nach Köln, wo er 1308 – nach nur einjährigem Wirken – starb. Durch seine Betonung der Mathematik und empirischer Kenntnisse trug Duns Scotus dazu bei, den einzelnen Wissenschaften einen eigenständigen Rang gegenüber der Theologie zu verschaffen. Schon vor seiner Lehrtätigkeit hatte der Minoritenkonvent den der Dominikaner an Mitgliedern übertroffen – um 1300 lebten im Konvent mehr als 300 sogenannte »Minderbrüder«, die aus allen Teilen Europas stammten.

Um das Jahr 1305 war im Übrigen die Gliederung der Kölner Pfarrgemeinden abgeschlossen – als letzte Pfarrkirche erhielt St. Maria im Pesch ihren Gemeindebezirk nördlich des Doms zugeteilt. Im Bereich der alten Römerstadt lagen St. Kolumba, St. Alban, St. Laurentius, St. Johann Evangelist und St. Peter, in der Kaufleutesiedlung am Rhein, die um die Mitte des 10. Jahrhunderts in die Stadt einbezogen worden war, St. Brigida und Klein St. Martin; dazu kamen mit den Stadterweiterungen die Gemeinden St. Jakob, St. Christoph, St. Maria Lyskirchen, St. Maria Ablaß, St. Paul, um nur einige zu nennen. Auch Stiftskirchen wie St. Severin,

Die Minoritenkirche
von Nordosten.

St. Aposteln und St. Kunibert wurden Mittelpunkt von Pfarrgemeinden; insgesamt gab es 19 Pfarrbezirke in Köln.

Im 14. Jahrhundert gab es in Köln schon zahlreiche »Hospitäler«, in denen nicht nur Blinde, Lahme, Patienten mit ansteckenden Krankheiten gepflegt wurden, sondern auch arme und vereinsamte Alte sowie Beginen und Begarden Aufnahme fanden. Neben den Hospitälern von St. Gereon und St. Maria im Kapitol waren besonders die Hospitäler St. Agnes, Zum Heiligen Geist, Heiligkreuz und St. Quirin hoch geschätzte Stätten der Pflege und Nächstenliebe.

Im 13. Jahrhundert hatte sich die jüdische Gemeinde Kölns zum Zentrum des deutschen Judentums entwickelt. Das jüdische Viertel bestand aus etwa 90 Häusern und Hofstätten, in denen schätzungsweise 800 Menschen lebten. Es handelte sich um einen zusammenhängenden Komplex von Gebäuden, der seit etwa 1300 nach außen abgeschlossen und nur über ein Tor und wenige Türen zu betreten war. Zwischen Domsüdseite, Altermarkt, Marspforte und der Kirche St. Laurenz gelegen, bildete es – topografisch gesehen – das »Herz« der Stadt. Mittelpunkt des Viertels war die Synagoge, die von der Mikwe, dem rituellen Bad, und anderen Gemeinschaftsbauten wie Bäckerei, Tanz- und Hochzeitshaus umgeben war. Hier spielte sich ein reges Gemeindeleben ab, geleitet von »Judenrat« und einem sogenannten »Judenbischof«.

Das große Siegel der Kölner Universität *aus dem Jahr 1392 (Siegelstempel).*

Die Entwicklung des jüdischen Viertels zu einem Getto war bereits Ausdruck erneuter Spannungen zwischen der christlichen Mehrheit und den Juden. Die Pestepidemie, die 1348/49 ganz Europa heimsuchte, bildete schließlich den Anlass für neue Verfolgungen, auch in Köln. Das Gerücht, die Juden hätten die Brunnen vergiftet, löste die Katastrophe aus: Ein aufgehetzter Mob stürmte das Viertel, Männer, Frauen und Kinder wurden erbarmungslos niedergemacht, nur wenige Familien konnten sich retten – weder der Erzbischof noch die Stadt, beide für den Schutz der Juden zuständig, griffen ein; um den Besitz der getöteten Juden stritten sie indessen noch bis ins Jahr 1352.

Im Jahre 1378 kam es in Europa zum sogenannten »Großen Abendländischen Schisma« – es amtierten zwei Päpste, Urban VI. in Rom, Clemens VII. in Avignon, wo die Päpste seit 1308 residierten. Die Stadt Köln entschied sich im Frühjahr 1379 für die römische »Oboedienz«, sie erkannte Urban VI. als rechtmäßigen Papst an. Der dankte den Kölnern Bürgern, indem er zehn Jahre später ihrer Bitte entsprach, der Stadt die Gründung einer Universität zu erlauben. Am 21. Mai 1388 stellte Urban die Gründungsurkunde der Kölner Universität aus – damals gab es im deutschsprachi-

gen Raum drei Universitäten, in Prag, in Wien und seit 1386 in Heidelberg. Die Kölner
Hochschule war allerdings die erste, die nicht auf fürstliche Initiative gegründet
wurde. Am 22. Dezember 1388 wurde die Gründungsurkunde im Kölner Rat verlesen,
schon am 6. Januar 1389 nahm die neue Hochschule ihren Lehrbetrieb auf. Fast 600
Studenten waren im ersten Studienjahr immatrikuliert. Wie in Paris, der führenden
Universität, richtete man in Köln vier Fakultäten ein, die theologische, die juristische,
die medizinische und die »Artistenfakultät« mit den »sieben freien Künsten« (Gram-
matik, Dialektik, Rhetorik sowie Arithmetik, Musik, Geometrie und Astronomie). Ein
zentrales Gebäude gab es damals nicht, die Hörsäle stellten die Generalstudien der
Dominikaner und Franziskaner zur Verfügung. Aus allen Teilen des Reiches, vor allem
aus dem Umland, aus Westfalen, den Niederlanden, Luxemburg, aber auch aus
Schottland und Dänemark strömten fortan Studenten nach Köln.

GAFFELN UND ZÜNFTE ÜBERNEHMEN DAS STADTREGIMENT: DER STURZ DER PATRIZIER

Die Gründung der Universität war die letzte bedeutsame Amtshandlung der von den
Geschlechtern beherrschten Verwaltungsorgane. Die personelle Verflechtung von
Schöffenkolleg, Rat und Richerzeche führte immer wieder zu Missständen in der
Stadt. An die Spitze all derer, die mit der Politik der führenden Kreise unzufrieden
waren, stellten sich in der Mitte der 1360er-Jahre die Mitglieder der bedeutendsten

Der Weber – *Darstellung aus dem Ständebuch von Jost Amman (1568).*

Zunft, des »Wollenamtes«, die Weber. Unregelmäßig-
keiten einzelner Ratsherren nahmen sie im Sommer
1370 zum Anlass, gegen die Geschlechterherrschaft
vorzugehen. Mit Hilfe anderer Zünfte erzwangen sie die
Festnahme von Ratsmitgliedern, denen Veruntreuun-
gen städtischer Gelder nachgewiesen worden waren.
Die Richerzeche wurde aufgelöst, die Schöffen von
Rat und Bürgermeisteramt ausgeschlossen, der weite
Rat umgewandelt: Er hatte noch 50 Mitglieder, unter
denen neben den Webern auch Vertreter anderer
Handwerke zu finden waren. Der enge Rat blieb allerdings in seiner bisherigen Zusammensetzung beste-
hen. Doch die sogenannte »Weberherrschaft« und die
neue Verfassung hatten nur kurzen Bestand. Unter-

stützt von Zünften, die mit den Webern uneins waren, bereiteten die Patrizier dem Weberregime ein schnelles Ende: In einer blutigen Schlacht, die am 20. November 1370 zwischen Waidmarkt und Griechenmarkt geschlagen wurde, erlitten die Weber eine schwere Niederlage – ihre Rädelsführer wurden auf offener Straße erschlagen.

Umgehend wurde die Patrizierherrschaft wiederhergestellt; Zünfte und Gaffeln wurden gezwungen, dem Rat Gehorsam zu schwören.

Nach dem Sieg über die Weber zerbrach die Einheit der patrizischen Kreise sehr rasch: Durch alte Familienfehden entzweit, bildeten sich die Gruppierungen der »Greifen« und der »Freunde«. Die Greifen-Partei stützte sich auf den weiten Rat und dessen kapitalkräftige Mitglieder, während die »Freunde« ihre Basis im engen Rat und im Schöffenkolleg hatten. Die »Greifen« gewannen zunächst die Oberhand, doch am 4. Januar 1396

Die »Weberschlacht« des Jahres 1370, *Darstellung aus der Koelhoffschen Chronik von 1499.*

kam es zum Gegenschlag der »Freunde«: Eine verfassungswidrige Einberufung des weiten Rates nahmen sie zum Anlass, mit Waffengewalt gegen die »Greifen« vorzugehen; 17 der »Greifen« wurden verhaftet, nur ihrem Anführer Hilger von der Stessen gelang die Flucht. Die »Freunde« wollten nun für klare Verhältnisse sorgen und die Stadtverfassung in ihrem Sinne erneut ändern. Die Stadtgemeinde hatte sich bisher aus dem Kampf der patrizischen Oberschicht herausgehalten; als der Schöffe Konstantin von Lyskirchen, der verhasste Führer der »Freunde«, am 18. Juni 1396 eine Versammlung von Gaffelgenossen in anmaßender Weise auflösen wollte, war dies der Tropfen, der das Fass zum Überlaufen brachte: Mitglieder von Zünften und Gaffeln nahmen Konstantin und etwa 100 Patrizier in Haft – mit dem Zusammentreten eines provisorischen Rates, der am 24. Juni 1396 erstmals tagte, war das Ende der patrizischen Stadtherrschaft gekommen: Die Macht lag fortan in den Händen der Zünfte und Gaffeln.

KÖLN AM AUSGANG
DES MITTELALTERS

DER VERBUNDBRIEF — DIE NEUE STADTVERFASSUNG

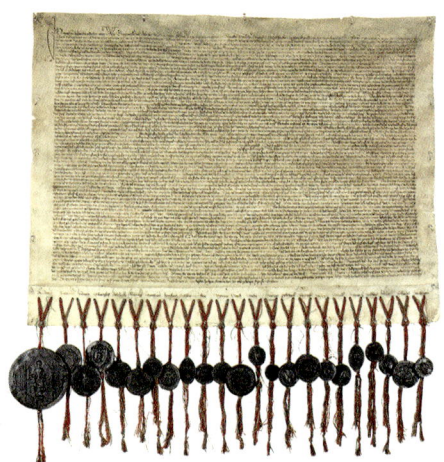

Der »Verbundbrief«, die neue Kölner Stadtverfassung von 1396, gesiegelt von den 22 Gaffeln und Zünften.

Am 14. September 1396 wurde den Bürgern die neue Verfassung, der sogenannte »Verbundbrief«, verkündet. Die gesamte Bürgerschaft wurde in 22 gewerblich-politische Genossenschaften einge-teilt, die je nach Sprachgebrauch »Ämter« oder »Gaffeln« genannt wurden. Kleinere Berufsgrup-pen wurden den Ämtern verwandter Branchen zugeordnet, größere Zünfte, wie die Brauer, blie-ben unter sich. Alle Vollbürger wurden verpflich-tet, sich als Mitglied einer Gaffel einzuschreiben und den »Großen Bürgereid« abzulegen.

Es gab fortan einen einheitlichen Rat, bestehend aus 49 Mitgliedern, von denen 36 von den Gaffeln gestellt wurden – die Wollenweber als die größte Zunft stellten vier Ratsherren, die anderen Ämter je nach Mitgliederstärke zwei oder einen Ratsherrn. Die restlichen 13 Mitglieder wurden von den 36 Ratsherren aus der Bürgerschaft »kooptiert«, das heißt, dazuge-wählt. Bei wichtigen Beschlüssen musste der Rat als Kontrollinstanz die sogenannten »Vierundvierziger« hinzuziehen, für die jede der 22 Gaffeln zwei Abgeordnete benannte. Die Wahl der Ratsherren erfolgte für die Dauer eines Jahres, Wiederwahl war erst nach zwei Jahren möglich.

Der Kölner Ratsturm, *erbaut von 1404 bis 1414, gilt als Symbol des Selbst-bewusstseins der Bürgerschaft Kölns (spätere, neuzeitliche Darstellung).*

Die berühmte Stadtansicht von Anton Woensam *aus dem Jahre 1531.*

Die Vertretung der Stadt nach außen lag seitdem in der Hand zweier Bürgermeister, die vom Rat für ein Jahr gewählt wurden. Den Haushalt der Stadt verwalteten zwei »Rentmeister«, zu denen man zumeist aus dem Amt geschiedene Bürgermeister bestimmte. Die größten Ausgaben erwuchsen der Stadt für Festlichkeiten und Empfänge, für Gesandtschaften und Soldtruppen sowie die Instandhaltung und Bewachung der Stadtmauern. Einnahmen wurden hauptsächlich über indirekte Steuern erzielt, die etwa auf dem Verbrauch von Mehl, Fleisch, Bier und anderen Lebensmitteln lagen.

So sorgfältig geplant der Verbundbrief auch war, so zeigte sich dennoch schon bald, dass einige seiner Bestimmungen dazu beitrugen, Gruppen der alten Oberschicht – über den Umweg ihrer Mitgliedschaft in den Gaffeln – wieder ans Ruder kommen zu lassen. Die Gaffeln schickten nämlich zumeist ihre reichsten und einflussreichsten Mitglieder in den Rat; und das waren die ehemaligen Patrizier. Die einflussreiche Stellung der Bürgermeister, die schon bald alle zwei Jahre wiedergewählt wurden, nachdem sie in der Zwischenzeit als Rentmeister tätig gewesen waren, desgleichen die häufige Wiederwahl von Ratsmitgliedern – all das führte zur Entstehung einer neuen Führungsschicht und zu neuer Günstlingswirtschaft, die des Öfteren Unmut erregte.

So machte sich die allgemeine Unzufriedenheit 1481 in einem Aufstand der Gaffeln gegen den Rat Luft; im Dezember 1512 kam es erneut zum Aufruhr, weil ein sogenanntes »Kränzchen«, ein Kreis einflussreicher Leute, seit Jahren wichtige personelle und politische Entscheidungen an der Bürgerschaft vorbei getroffen hatte: Zehn Ratsherren wurden auf dem Heumarkt öffentlich hingerichtet. Um einem Rückfall in solche Zustände vorzubeugen, wurde der Verbundbrief durch eine Reihe von Bestimmungen ergänzt, die die Rechte der Gemeinde stärken und die persönlichen Freiheitsrechte der Bürger sichern sollten. Diese Bestimmungen wurden im »Transfixbrief« niedergelegt, der zusammen mit dem Verbundbrief bis zur Franzosenzeit in Kraft blieb.

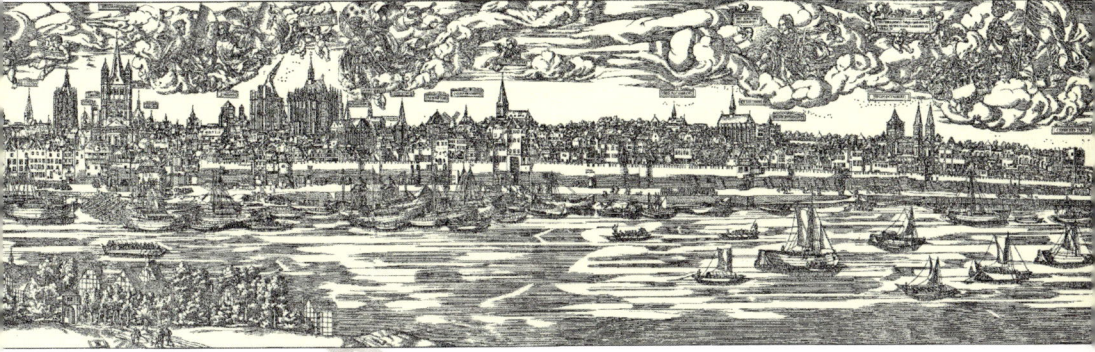

DIE STADT UND IHRE BÜRGER AN DER WENDE ZUR NEUZEIT

Das Stadtbild Kölns am Ausgang des Mittelalters wurde von Kirchen, Stiften und Klöstern geprägt. Auf dem 1531 angefertigten Holzschnitt des Anton Woensam sind 42 Gotteshäuser zu sehen – bei Weitem nicht alle. Aus einer Aufstellung des Rates geht hervor, dass es außer den zehn Stiftskirchen (mit dem Dom sind es sogar elf) und den 18 Pfarrkirchen insgesamt 14 Männer- und 24 Frauenklöster in der Stadt gab. Da sind noch nicht einmal die kleinen Konvente mitgezählt, etwa die Beginen-Genossenschaften, in denen ledige oder verwitwete Frauen zusammenlebten, oder die mehr als 30 Kapellen.

Die jüngeren Gotteshäuser wurden im gotischen Stil errichtet, so die Minoriten-, Antoniter- und Kartäuserkirche. Mitunter nahm man auch an älteren romanischen Kirchen Umbauarbeiten vor, bei denen gotische Stilelemente einflossen, so am Chor von St. Ursula oder an Turm und Langhaus von St. Severin. Die Arbeiten am gotischen Dom gingen allerdings seit Mitte des 15. Jahrhunderts nur noch schleppend voran, als die Spendenfreudigkeit der Gläubigen mehr und mehr zu wünschen übrig ließ. Nur der Südturm wurde bis ins Jahr 1410 noch auf eine Höhe von etwa 56 Metern hochgezogen, sodass man hier immerhin Glocken einhängen konnte. Von 1528 an ruhten die Arbeiten vollständig – der hölzerne Kran auf dem Südturm wurde zum eigentlichen Wahrzeichen der Stadt.

Die neun guten Helden im Hansasaal des Kölner Rathauses.

Gürzenich *(links) und* **Markttreiben im 17. Jahrhundert:**
Der Alter Markt *mit seinem reichhaltigen Warenangebot*
war der meistbesuchte Markt der Stadt.

Die bedeutendsten Profanbauten waren der Gürzenich und das Rathaus, das
aus einer Häusergruppe bestand, die man miteinander verbunden und 1360 umgebaut hatte. Der fast 30 Meter lange und sieben Meter breite Hansasaal diente vor
allem der Repräsentation – seine Südwand zierten biblische und historische Figuren,
die sogenannten neun guten Helden. Die äußere Gestalt des Rathauses wurde ver-
vollständigt durch den 1414 vollendeten Turm, der den »Belfrieden« niederländischer
Städte nachempfunden ist.

Sieben Jahre dauerte der Bau des Gürzenich, der 1447 als repräsentatives Fest-
haus in Betrieb genommen wurde und fortan den passenden Rahmen für große städtische Veranstaltungen und Feste bot. Später diente der Gürzenich indessen auch als
Kauf- und Warenhaus. Die Masse der etwa 8 000 Gebäude war im Fachwerkstil errichtet, zumeist »Einfamilienhäuser«, in denen in der Regel zur Miete gewohnt wurde.
Wegen der hohen Bodenpreise wurden besonders im Rhein- und im Marktviertel sehr
schmale, mehrgeschossige Häuser gebaut. Da eine Nummerierung der Häuser unbe-
kannt war, bediente man sich zur Kennzeichnung bestimmter Hauszeichen – so standen am Alter Markt die Häuser »Zum Bretzel« und »Zum Dorn«, andere Häuser
hießen »Zum Stern«, »Zum Hasen« oder »Zur Schere«. Die Straßen der Stadt waren
durchwegs ungepflastert – und so schmutzig, dass die Benutzer bei schlechtem Wet-
ter nur noch watend vorankamen. Da die meisten Familien besaßen auch Schweine,
die auf den Straßen herumliefen und ihren Teil zu Dreck und Gestank beitrugen,
zumal es keine geordnete Straßenreinigung gab. Wer abends die winkligen, mit Pfützen

übersäten Gassen und Wege passieren wollte, nahm eine
Handlaterne oder mietete sich einen »Leuchtemann«, der an
verkehrsreicheren Punkten seine Dienste anbot. Aus Gründen der
Sicherheit sperrte man bei Einbruch der Dunkelheit die wichtigsten
Straßen mit Ketten ab.

Mangelhaft war die Wasserversorgung der Stadt – das Rheinwas-
ser konnte wegen seiner schlechten Qualität nicht zu Haushaltszwecken
verwendet werden. So legte man allenthalben Ziehbrunnen an, sogenannte
»Pütze«, an die noch heute Straßennamen wie »Klingelpütz« erinnern. In
einem bürgerlichen Haushalt wurde daher auch schon zum Frühstück
Wein oder Bier getrunken. Der Wein stammte aus zahlreichen Weingärten,
die sich in der Stadt selbst befanden, deren Erzeugnisse wurden von den Kölnern ob ihrer minderen Qualität spöttisch als »soore Hungk« (saurer Hund) bezeichnet. Zu den insgesamt fünf Mahlzeiten kamen zumeist Hülsenfrüchte, dicke Grütze
und grobes gesäuertes Brot auf den Tisch, beliebt waren aber auch Stock-
fische und Heringe. Besonders in Kriegszeiten waren die Erträge der Gärten und Fel-
der innerhalb der Stadtmauern, wo vor allem Gemüse angebaut wurde, von großer
Bedeutung für die Versorgung der Bevölkerung.

Eine Stadt mit einer derart kapitalkräftigen Oberschicht wie Köln zog natürlich auch Künstler, Schausteller
und Musiker an. Seit Anfang des 14. Jahrhunderts waren
zahlreiche bedeutende Maler tätig, die man unter dem
Begriff »Kölner Malerschule« zusammenfasst. Die Nach-
richten über einzelne Vertreter sind äußerst lückenhaft,

*Oben: Der schöne Stil – **Parlerbüste,** um 1390. Unten: Um 1445 fertigte Stephan Lochner im Auftrag des Rates der Stadt Köln sein heute berühmtestes Werk: **das Tafelbild des »Altars der Stadtpatrone«,** das in der Ratskapelle aufgestellt war (heute im Dom).*

zudem sind nicht einmal ihre Namen überliefert. Als erster namentlich bekannter Künstler gilt der um 1380 wirkende Meister Wilhelm, diejenigen, die nach ihm wirkten, werden meist nach ihren Hauptwerken bezeichnet, so etwa der »Meister der hl. Veronika« oder der »Meister der Georgslegende«. Ihre Kunst war ganz dem sakralen Bereich verschrieben – so auch die Tätigkeit Stefan Lochners, des berühmtesten Malers jener Zeit, der 1447 das Kölner Bürgerrecht erwarb. Seine bekanntesten Werke sind der »Altar der Stadtpatrone« (heute im Dom), das »Weltgericht« und die »Madonna mit dem Veilchen«. Der »Altar der Stadtpatrone« wurde zuerst in der Ratskapelle aufgestellt. Diese war anstelle der Synagoge der jüdischen Gemeinde errichtet worden – 1424 hatte der Rat nach Streitigkeiten mit dem Erzbischof das Getto aufgelöst, alle Juden hatten Köln verlassen müssen.

Reichsstädtisches Selbstverständnis:
Titel der Handschrift »Agrippina« des Heinrich van Beeck (1469–1472).

KÖLN UND KAISER FRIEDRICH III. – DIE OFFIZIELLE »ERHEBUNG« ZUR FREIEN REICHSSTADT

Bei den Herrschern aus dem Hause Habsburg stand die Stadt Köln traditionell in hoher Gunst – geradezu freundschaftlich sollten sich die Beziehungen Kölns zu Friedrich III. gestalten, in dessen langer Regierungszeit (1440–1493) wichtige Entscheidungen hinsichtlich der reichsrechtlichen Stellung der Stadt fielen. Friedrich III. hatte schon 1442 bei seinem ersten Aufenthalt Vorrechte und Gewohnheiten von Stadt und Universität bestätigt, zehn Jahre später die Rechtskraft von zehn älteren Urkunden, die Köln betrafen, mit einer sogenannten Goldbulle erneuert.

Die Bindungen Kölns an den Kaiser verstärkten sich im Laufe des »Neusser Krieges« – ausgelöst wurde dieser Krieg durch einen Konflikt zwischen dem seit 1463 amtierenden Kurfürsten Ruprecht von der Pfalz und der Stadt, die sich mit dem Domkapitel verbündet hatte: Beide erkannten Ruprecht nicht mehr als Erzbischof an, die Domherren bestimmten den Landgrafen Hermann von Hessen zum »Beschirmer

Das »Reichsstadtprivileg« Friedrich III., der schon am Vorabend des »Neusser Krieges« der Kölner Bürgerschaft das Recht auf Prägung eigener Münzen zugestanden hatte, erteilte der Stadt am 19. September 1475 das sogenannte »Reichsstadtprivileg«: 13 namentlich aufgeführte Privilegien wurden erneuert und bestätigt, in seiner Vorrede erklärte der Kaiser, dass die Stadt reichsunmittelbar sei; die Ansprüche des Erzbischofs auf die Stadt-

herrschaft wurden damit zurückgewiesen. Mit diesem Privileg wird gewöhnlich die »Erhebung« Kölns zur Reichsstadt verbunden, doch letztlich schrieb der Kaiser nur eine Rechtsposition fest, die sich die Stadt bereits erworben hatte. Angesichts des großen Einsatzes und der immensen finanziellen Verluste, die Köln im »Neusser Krieg« erlitten hatte, gehörte Köln zu den Verlierern des Krieges – die städtischen Finanzen waren auf Jahrzehnte hinaus zerrüttet.

Das Kölner Heer vor Neuss:
Gemälde von Arnold Colyns im Auftrag der Stadt (1582).

und Schützer des Erzstifts«. Als auch das kurkölnische Neuss dem umstrittenen Erzbischof den Gehorsam verweigerte, wandte sich Ruprecht an den burgundischen Herzog Karl den Kühnen – der nahm das Bündnisangebot an; mit seinem Eingreifen hoffte er, seinen Einfluss im Westen des Reiches zu vergrößern. Im Juli 1474 begann Karl mit seinem Heer die Belagerung von Neuss. Am 1. August erklärte der Kölner Rat dem Herzog den Krieg – zu viele Interessen Kölns standen auf dem Spiel. Zwei Wochen lang hatten alle Bürger an der Ausbesserung der Festungsanlagen gearbeitet – außerhalb der Stadt wurden Bauten abgerissen, damit sie dem Feind nicht als Stützpunkt dienen konnten. Zugleich wandte sich die Stadt an befreundete Städte und Fürsten, auch an Kaiser Friedrich III., dessen zugesagte Hilfe zunächst auf sich warten ließ. Im Februar 1475 schickte Köln eine größere Truppe nach Neuss, die auf dem rechten Rheinufer ihr Lager aufschlug; 500 von ihnen durchbrachen den Belagerungsring und brachten den Neussern wichtigen Nachschub. Kaiser Friedrich III., der im März 1475 in Köln eintraf, zog erst Anfang Juni rheinabwärts – er bewegte den burgundischen Herzog schließlich zum Abzug.

DIE FREIE REICHSSTADT IN DER ZEIT DER REFORMATION UND DES DREISSIGJÄHRIGEN KRIEGES

Die Jesuitenkirche **St. Mariae Himmelfahrt.**

KÖLN UND DIE RELIGIÖSEN AUSEINANDERSETZUNGEN DES 16. JAHRHUNDERTS

Im Jahre 1519 wurde Köln erstmals mit den Thesen Luthers konfrontiert. Die Universität Löwen hatte der Kölner Hochschule Auszüge aus den Schriften des Reformators übersandt und um eine Stellungnahme gebeten. Die Theologieprofessoren befanden die Texte als Irrlehren – sie seien »gottlos und verdammungswürdig«. Die Gutachten beider Universitäten bildeten die Grundlage für die Bannandrohungsbulle, die der Papst 1520 gegen Luther erließ. Der Rat beschloss daraufhin, Druck und Verbreitung lutherischer Schriften zu verbieten. Als Karl V. im November 1520 in Köln weilte, wurden auf dem Domhof Texte Luthers öffentlich verbrannt.

Nach dem Wormser Reichstag ging die Stadt mit aller Schärfe gegen Anhänger der neuen Lehre vor. Die Anlehnung an das habsburgische Kaiserhaus war oberstes Prinzip der Kölner Politik in jenen Tagen; umgekehrt erwartete man vom Kaiser Schutz und Bestätigung aller Privilegien.

Plan des Gerhard Mercator, *Blick ins Zentrum mit Dom, Altermarkt und Heumarkt (1570/71).*

Ein trauriger Höhepunkt im Kampf gegen reformatorische Bestrebungen wurde 1529 erreicht: Am 2. September schritten zwei der Ketzerei bezichtigte Anhänger Luthers zum Richtplatz zu Melaten – Adolf Clarenbach und Peter von Fliesteden, die das Hohe weltliche Gericht zum Tode verurteilt hatte. Prozess und Hinrichtung dienten wohl eher der Abschreckung, denn in der Stadt hatte evangelisches Gedankengut bereits Anklang gefunden. Die beiden »Ketzer« wurden mit besonderem Einverständnis des Erzbischofs dem Feuertod überantwortet.

Der Feuertod der beiden »Ketzer« Adolf Clarenbach und Peter Fliesteden *1529 (Holzschnitt von 1553).* *Rechts:* **Hermann von Wied.**

Auf dem Kölner Erzstuhl saß zu jener Zeit Hermann von Wied, mit dessen Namen jene Vorgänge verknüpft sind, die als »Kölner Reformation« in die rheinische Geschichte eingehen sollten. Zunächst ein unbeugsamer Gegner jeglicher »Ketzerei« wandelte er sich zu einem Verfechter eines gemäßigten Reformkurses. Eine 1536 von ihm einberufene Kirchenversammlung beschloss stärkere Einflussnahme auf den Lebenswandel der Geistlichen und eine Verbesserung der Glaubensverkündigung. Als Hermann 1546 offen zum lutherischen Bekenntnis übertrat, hatte das seine Absetzung und Exkommunikation zur Folge — mit der Wahl seines streng katholischen Nachfolgers Adolf von Schauenburg war der Versuch gescheitert, die Reformation im Rheinland »von oben« einzuführen. Nicht von ungefähr gründeten die Jesuiten, die bei der Verteidigung des katholischen Glaubens in vorderster Linie stehen sollten, damals ihre Niederlassung in Köln, ihre erste in Deutschland.

In eine schwierige Situation geriet Köln in den 1560er-Jahren, als die Niederlande, die an die spanische Linie der Habsburger gefallen waren, von einem blutigen Religionskrieg erschüttert wurden; um dem spanischen Schreckensregiment zu entkommen, flüchteten rund 150 niederländische Familien, vor allem aus der Kaufmannsschicht, nach Köln. Die Flüchtlinge, hauptsächlich aus den Städten Gent, Brügge und Antwerpen, hofften, dass ihnen die Kölner, ihre traditionellen Handelspartner, Gastfreundschaft gewährten.

Der »Geusenfriedhof« *an der Kerpener Straße*

Doch auch im katholischen Köln beanspruchten sie das Recht der Glaubensfreiheit, was dazu führte, dass sich drei calvinistisch-reformierte Gemeinden bildeten, nach Sprache ihrer Mitglieder als niederländisch, französisch und hochdeutsch bezeichnet. Die niederländische Gemeinde gab dem Friedhof an der Kerpener Straße seinen Namen; der Rat hatte schon 1560 Begräbnisse von Protestanten innerhalb der Stadt verboten – so wurde für sie ein Friedhof außerhalb der Stadt angelegt und nach den Angehörigen der stärksten Gruppe (die den Spottnamen »Geusen«, Bettler, übernommen hatten) »Geusenfriedhof« genannt. Auf Druck der Spanier und unter dem Einfluss der Gegenreformation, die in Köln auch von der Kartause St. Barbara betrieben wurde, erließ der Rat seit 1570 wiederholt Ausweisungsbeschlüsse für »fremde Kalviner« und Lutheraner.

Hermann von Weinsberg, *Ratsherr und Chronist des 16. Jahrhunderts, Jugendbildnis aus dem Buch Weinsberg.*

Im Dezember 1582 gab Kurfürst und Erzbischof Gebhard Truchseß von Waldburg seinen Übertritt zum Calvinismus bekannt, da er eine Stiftsdame aus Gerresheim zu ehelichen gedachte. Er wollte allerdings nicht auf sein Amt als Erzbischof verzichten; Gebhards Schritt wurde weder vom Augsburger Religionsfrieden noch von der Verfassung des kurkölnischen Staates gedeckt. Das Domkapitel erwirkte daher seine Absetzung durch Papst und Kaiser – in Köln wählte man den Wittelsbacher Ernst von Bayern zum neuen Erzbischof. Gebhard Truchseß war allerdings nicht gesonnen, seine

Absetzung hinzunehmen – ein blutiger Krieg, genannt der Kölnische oder »Truchses-sische«, brachte dem Erzstift jahrelange Verheerungen. Es war eine Auseinanderset-zung von europäischer Dimension, spanische Truppen traten zugunsten des Wittelsbachers auf, die Anhänger Gebhards drohten mit dem Eingreifen Frankreichs. 1585 konnte sich Ernst von Bayern im gesamten Erzstift durchsetzen – der »Kölnische Krieg« war damit entschieden, doch durch die Ausweitung des Krieges in den Nieder-landen fanden die Rheinlande auch dann keinen Frieden.

KÖLN UND DIE »KONKURRENTIN« MÜLHEIM

Im September 1614 legten spanische Truppen des Generals Spinola die neuen **Befestigungen Mülheims** *nieder.*

Seit dem Amtsantritt Ernst von Bayerns wurden Protestanten in Köln nur noch geduldet. Der Rat machte die Verleihung des Bürgerrechts von der Zugehörigkeit zum katholischen Glauben abhän-gig; Protestanten wurde der Eintritt in die Gaffeln verwehrt, Erwerb von Grundeigentum war ihnen verboten. Fortan führten die kleinen evangeli-schen Gemeinden Kölns (man schätzt die Zahl ihrer Mitglieder auf höchstens 300 – bei einer Gesamtbevölkerung von etwa 35 000 Einwoh-nern) eine Art Untergrunddasein. Da die Protes-tanten keine Gottesdienste halten durften, trafen sie sich heimlich, in Privathäusern oder auf Schiffen. Vor allem durch den Zuzug reicher pro-testantischer Kölner Familien erlebte der rechts-rheinische Flecken Mülheim, der zum Herrschaftsbereich der Herzöge von Berg gehörte, nach 1575 einen rasanten wirtschaftlichen Aufschwung.

1612 planten die bergischen Herzöge, den Ort zu einem bevorrechteten Wirt-schaftszentrum auszubauen. Nach dem Aussterben des jülich-bergischen Herzogs-hauses hatten Pfalzgraf Wolfgang Wilhelm von Pfalz-Neuburg und Kurfürst Sigismund von Brandenburg 1609 gemeinschaftlich die Regierung in Berg übernommen. Sie erlie-ßen einen Aufruf, in dem zur Ansiedlung in Mülheim eingeladen und allen Neubür-gern erhebliche wirtschaftliche Vorteile sowie volle Religionsfreiheit zugesagt wurden. Neben Familien aus allen Teilen Deutschlands zogen auch protestantische Kölner in den bergischen Ort und halfen mit, den großzügigen Erweiterungs- und Befestigungs-

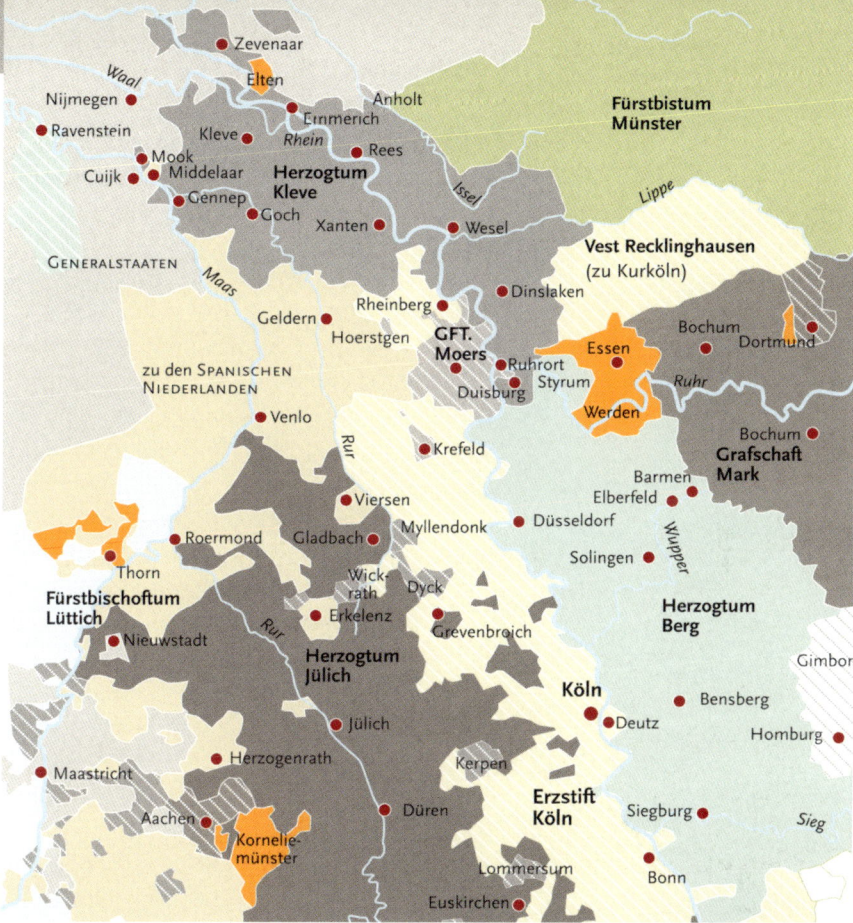

plan zu verwirklichen. Das Projekt bedeutete in mehrfacher Hinsicht eine Bedrohung für Köln – die reich privilegierte Neustadtanlage hätte sich zu einer wirtschaftlichen Konkur-

renz entwickeln können, und in der Anlage der neuen Befestigungen sahen die Ratsherren eine eindeutige militärische Gefährdung. Deshalb rief der Rat Kaiser und Reichskammergericht an – deren Schiedssprüche ordneten zwar die Einstellung der Arbeiten an, verhallten indessen ungehört. Erst die Uneinigkeit der beiden Landesherren brachte das Werk zum Stillstand. Der Pfalzgraf half dann auch 1614, die Mauern und Türme Mülheims niederzulegen und die Wallgräben einzuebnen – das Zerstörungswerk wurde hauptsächlich von spanischen Truppen durchgeführt. Ein Jahr später ließ der Kölner Rat in Vollzug eines Urteils des Reichsgerichtshofs auch die neuen Wohnviertel Mülheims niederreißen.

DER KÖLNER RAUM IM DREISSIGJÄHRIGEN KRIEG

Diese Sicherheitspolitik wurde auch konsequent beibehalten, als 1618 der Krieg ausbrach, der als »Dreißigjähriger« in die Geschichte einging. Wegen ihrer Handelsbeziehungen auch zu protestantischen Mächten wie England und den Niederlanden wahrte die katholische Reichsstadt Köln in der Auseinandersetzung strikte Neutralität. Begünstigt wurde diese Politik dadurch, dass das Rheinland zunächst nicht zum Kriegsschauplatz wurde. Dennoch mussten auch die rheinischen Städte Truppendurchmärsche und Einquartierungen hinnehmen.

*1632 ereignete sich eine **große Explosion in der St. Urban-Kirche,** als das von den Schweden bedrohte und besetzte Deutz durch kölnische Truppen gerettet wurde (Kupferstich von Matthäus Merian d. Ä., später koloriert).*

Nur einmal, im Dezember 1632, geriet Köln ernsthaft in Gefahr, unmittelbar in die Kriegshandlungen hineingezogen zu werden. Obwohl man mit dem schwedischen König Gustav II. Adolf, der zugunsten der deutschen Protestanten interveniert hatte, schon längere Zeit verhandelte, bedrohte eine schwedische Armee den Kölner Raum. Von Siegburg kommend, wandten sich die Schweden gegen Deutz, dessen Befestigungen die Kölner mit Einverständnis des Erzbischofs verstärkt und mit städtischen Soldaten besetzt hatten. Ein Augenzeugenbericht schildert den schwedischen Angriff: »Am 20. Dezember 1632 fiel der schwedische General Baudissin in Deutz ein. Er raubte und plünderte den Flecken aus und überfiel auch die Abtei. Die Kölnischen schossen vom anderen Ufer aus unablässig auf die Schweden. Auch wurden die Bürger in der Nacht durch Trommelschlag versammelt; sie setzten am nächsten Tag am frühen Morgen mit Schiffen über und trieben die Schweden aus Deutz. Am folgenden Tage, dem 22. Dezember, lagen kölnische Wachschützen auf dem Kirchhof und warfen – ich weiß nicht, aus welchem Grunde – Feuer in die Pfarrkirche. Dieses fiel in das Pulver, das die Schweden zurückgelassen hatten, und sprengte die Kirche in die Luft.« Die Explosion kostete 300 Menschen das Leben. Angesichts des starken Widerstandes zog sich Baudissin schließlich zurück und marschierte mit seinen Truppen in Richtung Siegburg.

Nach diesem Intermezzo blieb Köln von kriegerischen Handlungen weitgehend verschont; aber natürlich litt die Stadt unter den Auswirkungen des Krieges, waren

Jan von Werth

Einer der kaiserlichen Befehlshaber hält bis heute die Erinnerung an den Dreißigjährigen Krieg in Köln lebendig: Jan von Werth, ein legendärer Reiterführer, der 1636/37 einige Zeit in der Stadt weilte. 1636 wurde er von den Kölnern begeistert gefeiert, nachdem er einen tollkühnen Streifzug bis nach Paris unternommen hatte; im Sommer 1637 vertrieb er die Franzosen aus der Festung Ehrenbreitstein,
von wo aus die Rheinschifffahrt empfindlich gestört worden war. Um den General, dem der Kaiser die Herrschaft Benatek in Böhmen verlieh (dort starb er 1652), rankt sich eine Reihe von Legenden, unter anderem die von »Jan und Griet«; der Knecht Jan, so heißt es da, habe aus verschmähter Liebe die militärische Laufbahn eingeschlagen, Griet, die seinen Heiratsantrag abgelehnt hat, muss dann miterleben, wie aus Jan ein berühmter Kriegsmann wird. Als er Jahre später in Köln einreitet, sieht er die arme Krämerin Griet am Tor sitzen – in Anspielung auf seinen Antrag sagt er: »Griet, wer et hätt jedonn!« Griet seufzt, fasst sich aber und antwortet: »Jan, wer et hätt jewoß!« *Bild: »Der kaiserliche General Jan von Werth.*

doch Handel und Gewerbe immer wieder schweren Störungen ausgesetzt. Die Neutralität Kölns wurde im Allgemeinen geachtet – das hatte zur Folge, dass auch die Schweden die Handelsgüter der Reichsstadt unbehelligt passieren ließen, dass ihre Truppen in Köln aber auch Verpflegung, Waffen und Munition einkaufen konnten. Überhaupt war die Versorgung der zahlreichen Armeen ein großes Geschäft für verschiedene Branchen. Es lässt sich ohne Übertreibung sagen, dass Köln den großen Krieg weitaus glimpflicher als andere deutsche Städte überstand.

HEXENPROZESSE UND NEUER HEILIGEN- UND MÄRTYRERKULT

Die Verfolgung von Frauen als »Hexen« hat auch in Köln eine lange Tradition – schon während des Aufstandes gegen Erzbischof Anno II. wurde ein Mädchen der Zauberei verdächtigt und von der Stadtmauer gestürzt. Eine systematische Hexenjagd setzte erst im 16. Jahrhundert ein, nachdem der Dominikaner Heinrich Institoris sein berüchtigtes Werk »Der Hexenhammer« veröffentlicht hatte – ein Handbuch mit ausführlichen Anleitungen für Verhör und Folter. Im Vergleich zu anderen Städten fand in Köln indessen eine »geringere« Zahl von Hexenprozessen statt – der Rat verhinderte zumeist Schlimmeres, indem er zahlreiche der Hexerei beschuldigte Frauen nicht der erzbischöflichen Blutgerichtsbarkeit übergab, sondern der Stadt verwies; dennoch wurden in Köln allein im Jahre 1628 mindestens zwölf Frauen als Hexen hingerichtet. Ein Jahr zuvor hatten Prozess und Hinrichtung der Postmeistertochter Katharina Henoth über Köln hinaus großes Aufsehen erregt; sie war von Nonnen des St. Claren-Klosters der Hexerei bezichtigt worden. Trotz Folter legte die Witwe (die sich gerade in einem Rechtsstreit mit dem Taxischen Generalpostmeister befand) kein »Geständnis« ab – sie wurde zum Tode verurteilt und im Mai 1627 auf Melaten verbrannt.

Möglicherweise hat der Prozess gegen Katharina Henoth den Jesuitenpater **Friedrich Spee von Langenfeld,** der damals am Dreikönigengymnasium als Lehrer tätig war, veranlasst, seine Schrift »Mahnung zur Vorsicht bei Hexenprozessen« zu schreiben, ein Buch, das mit den Folterknechten und ihren absurd-niederträchtigen Methoden abrechnete und dazu beitragen sollte, das Unwesen der Hexenverfolgungen allmählich einzudämmen. 1631 erschien das Buch, ohne Druckerlaubnis des Ordens. Spee, der auch als Dichter geistlicher Lieder bekannt wurde, starb vier Jahre später in Trier, wo er als Seelsorger und Krankenpfleger in Lazaretten und Siechenhäusern Dienst tat.

Dass in Köln zwischen 1630 und 1645 keine Hexenverbrennung mehr stattfand, lag allerdings am Fall der Christine Plum: Sie bezichtigte sich selbst der Hexerei, beschuldigte aber gleichzeitig zehn bekannte Bürger, darunter Domherren, am Hexentanz teilgenommen zu haben. Um den »Skandal« nicht auszuweiten, wurde die Plum in einem Schnellverfahren verurteilt und hingerichtet.

Krieg und Gegenreformation bewirkten in Köln indessen auch eine Wiederbelebung von Märtyrerkulten – so stiftete etwa der kaiserliche Gesandte Johann von Crane im Jahre 1643 der Ursulakirche den Bau der sogenannten »Goldenen Kammer«, eines Raumes, in dem 122 goldene und silberne Büsten und Kopfreliquiare aufbewahrt werden, darunter auch die Halbfiguren der hl. Ursula und zweier ihrer Gefährtinnen. Der obere Wandbereich wurde mit zahlreichen Gebeinen belegt, die zu Symbolen und Ornamenten zusammengefügt wurden. Zehn Jahre zuvor hatte man im Dom die Gebeine des Erzbischofs Engelbert, des »Heiligen«, in einen kostbaren Schrein, den »Engelbertschrein«,

Büste aus der Ursula-Kammer
(Museum Schnütgen).

Blick in die **»Goldene Kammer«** *von St. Ursula.*

umgebettet. Eine Gruppe von »unbeschuhten« Karmeliterinnen aus Brüssel und Antwerpen gründete 1637 ein Kloster in der Schnurgasse, genannt St. Maria vom Frieden – hier wurde Maria als Königin des ersehnten Friedens verehrt; das Gnadenbild stammte aus dem Nachlass der französischen Königin Maria Medici, die – aus Paris vertrieben – ihre letzten Lebensjahre in Köln verbrachte. Sie hatte die Figur aus dem Holz der heiligen Eiche von Scherpenheuvel in Brabant anfertigen lassen.

Noch bedeutender wurde das Gnadenbild der »Schwarzen Muttergottes« in der Kirche St. Maria in der Kupfergasse, die zum Kloster der Karmeliterinnen in der Schwalbengasse gehörte. Die Kölner riefen die »Schwarze Muttergottes« (die Herkunft des Gnadenbildes ist ungeklärt) in Notzeiten als »Trösterin der Bedrängten« an.

Nach dem Ende einer großen Pestepidemie entwickelte sich die Kalker Kapelle der »Schmerzhaften Muttergottes« zum bevorzugten Wallfahrtsziel der Kölner. Die Figur, die im 14. Jahrhundert entstand, war bis 1666 nur für die nähere Umgebung bedeutsam. Die Wallfahrt nach Kalk wurde zum Ausdruck des Dankes von denjenigen übernommen, die die todbringende Krankheit verschont hatte.

DER NIEDERGANG DER FREIEN REICHSSTADT

Stadtansicht Kölns *um 1670*
(kolorierter Kupferstich).

DER AUFSTAND DES NIKOLAUS GÜLICH

Mit der schwindenden Macht des Kaisers verschlechterte sich auch die politische und wirtschaftliche Situation der Reichsstadt Köln, vor allem gegenüber dem kurkölnischen Staat, der die Stadt umgab. Da Köln bis auf den schmalen Landstreifen innerhalb des »Bischofsweges« kein eigenes Territorium besaß, war die Stadt der Politik des Kurfürsten stärker ausgeliefert als früher. Und sie konnte letztlich ihre Stellung als Handels- und Exportgewerbestadt im Zeitalter des Absolutismus und seiner merkantilen Mechanismen, vor allem der ökonomischen Reglementierung, nicht behaupten.

Der Bronzekopf des Nikolaus Gülich,
der, vom Schwert durchbohrt, ab 1686
auf der Schandsäule angebracht war.

Niclas Gülich
enthauptet
zu
Mülheim
2 u. 23 Febr.
1686

Diese Saülle
welche, nachdem
sein Haus geschleift
in der Mitte des leere
Hausplatzes ausgeführt
und errichtet worden

nachero aber
am 17. Sept. 1797 von den Kölnischen Freiheits-Freunden mit
großer Feyerlichkeit u. in Zulauf einer großen Volksmenge zu
oden geworfen und vernichtet worden ist. S.T.G.M.

Die schwierige Situation wurde begleitet vom Niedergang der städtischen Institutionen – Amtsmissbrauch, Korruption, Vetternwirtschaft, Unterschlagung öffentlicher Gelder waren an der Tagesordnung. An die Spitze der unzufriedenen Bürger setzte sich im Jahre 1680 ein Mann aus guter kölnischer Familie – Nikolaus Gülich, Mitglied der Gaffel Himmelreich, der in der Straße Obenmarspforten ein Band- und Manufakturwarengeschäft betrieb. Gülich, geboren 1644, fühlte sich auch von der Vetternwirtschaft der führenden Familien betroffen. Anlass für seinen Schritt in die

Sitzung des Kölner Rats im Senatssaal des Rathauses
(Kupferstich um 1655).

Öffentlichkeit war die Erhebung einer Sondersteuer, die die unaufhaltsame Verschuldung der kommunalen Finanzen stoppen sollte. Im September 1680 übergab Gülich dem Rat eine Klageschrift, in der die Missstände in der Verwaltung angeprangert wurden. Wegen des lebhaften Anklangs, den seine Bestrebungen in der Bevölkerung fanden, sah sich der Rat gezwungen, einen Untersuchungsausschuss einzusetzen, der überaus schmachvolle Vorgänge ans Licht brachte – von Wahlbetrug und Ämterkauf bis zur Veruntreuung städti-

schen Eigentums reichten die Delikte, derer sich Bürgermeister und Beamte schuldig gemacht hatten. Und so wurden die Bürgermeister der letzten Jahre von allen Ämtern ausgeschlossen und zu hohen Geldstrafen verurteilt.

Mit seinem Vorgehen hatte sich Gülich natürlich Feinde gemacht. Im August 1682 ließ ihn die bedrängte Obrigkeit festnehmen – unter dem Druck der Gaffeln musste er wenig später freigelassen werden. Gülich sah keinen Anlass, seine selbst gewählte Rolle als Hüter der alten Verfassung aufzugeben. Im Sommer 1683 wagte er den entscheidenden Schritt: Mit Unterstützung der Gaffeln erreichte er die Auflösung des Rates und die Festnahme mehrerer hoher Beamter. Es wurden neue Bürgermeister und Ratsherren eingesetzt, die alsbald eine Reihe von Haftbefehlen gegen Gülichs Gegner austeilten. Erstes Opfer des neuen Regiments wurde der städtische Notar Hesselmann – wegen angeblichen Hochverrats wurde er hingerichtet. Schon dieser Justizmord war ein Fehler, der den Rat unter Gülichs Führung viele Sympathien kostete. Zudem beförderte sich Gülich zum juristischen Berater der Stadt, obwohl ihm jegliche Voraussetzung für dieses Amt fehlte.

Inzwischen hatte man Gülich bei Kaiser Leopold angeschwärzt – der Hof in Wien setzte eine Untersuchungskommission ein, die sich mit den Kölner Wirren beschäftigen sollte. Im Dezember 1683 erging ein kaiserliches Mandat an Gülich und die gesamte Bürgerschaft, sich dem Spruch der »Reichssubdelegierten« zu unterwerfen. Gülich fühlte sich indessen stark genug, diesem Spruch nicht nachzukommen. Diese Weigerung stellte sich als ein weiterer Fehler heraus, die Zahl seiner Anhänger schwand, zumal der versprochene Aufschwung der Stadt ausblieb. Die Wühlarbeit von Gülichs Gegnern war schließlich erfolgreich: Am 25. Juli 1685 erklärte der Kaiser Gülich und zwei seiner Mitstreiter, als »Friedensstörer, Rädelsführer und Aufwiegler« bezeichnet, in die Reichsacht. Aus Sorge um die eigene Sicherheit fielen die letzten Anhänger von Gülich ab. Im August 1685 wurde er verhaftet – da das alte Stadtregiment einen Handstreich der Gülich-Anhänger befürchtete, brachte man ihn nach Düsseldorf. Nach langen Verhören wurde Gülich schließlich durch eine kaiserliche Sentenz zum Tode verurteilt. Am 23. Februar 1686 fand er unter dem Henkersbeil sein Ende. Im selben Jahr noch wurde sein Wohnhaus auf kaiserlichen Befehl hin niedergerissen. Auf dem Grundstück errichtete man eine Schandsäule, die den in Erz gegossenen Kopf Gülichs, von einem Schwert durchbohrt, zeigte. Über hundert Jahre stand dieses makabre Denkmal auf dem Platz, der heute Gülichs Namen trägt.

VON KÖLNISCHEM TABAK, KÖLNISCH WASSER UND DEN ANFÄNGEN DES ZEITUNGSWESENS

In den Zeiten des allgemeinen Niedergangs waren es lediglich zwei Industrien, die dem Namen Kölns weiterhin einen Klang gaben – beide, sowohl die Herstellung des Tabaks als auch die des »Wunderwassers«, verdanken ihre Entstehung zugewanderten »Neubürgern«.

Als erster bedeutender Produzent des Kölner »Wunderwassers« gilt Johann Maria Farina (1685–1766), der zur großen Zahl der Italiener gehörte, die sich damals in Köln niederließen. Farina, geboren im oberitalienischen Santa Maria Maggiore, war, nachdem er länger bei seinem Onkel in Maastricht gearbeitet hatte, in das Unternehmen seines Bruders Johann Baptist eingetreten, das seit 1709 in der »Großen Bottengassen« bestand, ein Kommissions- und Speditionsgeschäft mit kleinem Ladenhandel. Das Rezept des Duft- und Wunderwassers war wohl die Einlage des Bruders in das 1714 als »Fratelli Farina« benannte Unternehmen, das einige Jahre später in das Haus »zum Morion auf der Marsforten an dem Eck gegenüber Gülichs

Kopf« verlegt wurde. Seit 1769 ist die Bezeichnung »gegenüber dem Gülich-Platz« fester Bestandteil des Firmennamens.

Farina nannte die von ihm fabrizierte Essenz, deren Bestandteile geheim gehalten wurden, die hauptsächlich Bergamotte und Alkohol enthielt, *aqua admirabile,* ein Universalmittel. In der den Flaschen beigefügten Wasserzetteln und Begleitbriefen, die seine Nachfolger drucken ließen, wurden auch die Beschwerden aufgezählt, die das Wasser – 50 bis 60 Tropfen sollte man in Wein oder Brunnenwasser einnehmen – in wundersamer Weise heilen konnte: Es half gegen Kopf- und Zahnschmerzen, Seitenstechen, Gelbsucht, ja sogar gegen Pest und alle Arten von Koliken. Farinas Produkt diente vornehmen Kreisen allerdings auch schon als Parfüm – als im Verlauf des Siebenjährigen Krieges (1756 – 1763) französische Offiziere, die in Köln einquartiert waren und sich mit im Wunderwasser getränkten Tüchern

Porträt des Johann Maria Farina
aus dem 19. Jahrhundert.

gegen den Gestank der Stadt zur Wehr setzten, begann der unaufhaltsame Aufstieg des aqua admirabile. Mit der Anwendungsart als Duftwasser, das nun »Eau de Cologne« genannt wurde, stellte sich der geschäftliche Erfolg auch beim breiteren Publi-

Seit dem Dreißigjährigen Krieg hatte das **Tabakrauchen** weite Verbreitung gefunden, bereits 1628 wurde der Tabak mit einer Steuer belegt. Damals eröffnete ein gewisser Hariga de Gratia einen Tabakladen in Köln. Die Versuche des Kölner Kurfürsten, unter Androhung von Strafe den Tabakgenuss zu verbieten, scheiterten. Die erste Kölner Tabakfabrik wurde 1735 von Heinrich Joseph Dumont aus Soumaigne (bei Lüttich) gegründet – in der Straße »In der Höhle«. Mit Dumont, der 1740 das Kölner Bürgerrecht erwarb, begann der Aufstieg des »Kölner Tabaks«, dessen bekanntestes Erzeugnis der »Rappé« war, ein Schnupftabak, der nach holländischem Rezept hergestellt wurde. Neben der Familie Dumont war es vor allem Franz Foveaux, dessen Produkte aus dem Haus »Zum großen Kardinal« in der Bolzengasse weit über die Stadtgrenzen hinaus bekannt wurden.
Bild: Stammhaus der Firma Foveaux, Bolzengasse 2.

kum ein – nach 1759 konnte Farina einen enormen Anstieg der Verkaufszahlen registrieren, das Produkt wurde in nahezu alle europäischen Länder exportiert, vor allem nach Österreich, ins Osmanische Reich, nach Italien und Frankreich.

Eine nicht unbedeutende Rolle spielte Köln auch in der Entwicklung des Nachrichten- und Zeitungswesens. Seit Mitte des 17. Jahrhunderts erschienen in verschiedenen Druckhäusern – seit dem ausgehenden 15. Jahrhundert war Köln ein Zentrum des Druckwesens – wöchentlich herausgegebene Einzelblätter, die über auswärtige Ereignisse berichteten. Und bereits seit 1583 gab es die »Relationes«, ein zu Messezeiten im halbjährlichen Abstand herausgebrachtes Blatt mit Anzeigen und Handelsnachrichten, das Michael von Aitzing begründete. Die ersten Wochenzeitungen standen alle in mehr oder minder enger Verbindung zur Post, was schon aus ihrem Titel ersichtlich war – etwa die 1651 gegründete »Cöllnischen Ordinari Postzeitung« oder der »Staatsbote«, der 1731 vom kurkölnischen Postmeister Pauli ins Leben gerufen wurde. Als die »Ordinari Postzeitung« 1762 einging, trat an ihre Stelle die »Kayserliche Ober-Post-Amts Zeitung zu Coelln«, verlegt von dem Drucker Gereon Arnold Schauberg; sie hatte 1794 eine Auflage von 1.800 Exemplaren.

»Maria im Kapitol« *des holländischen Malers Gerrit Adriaenz Berckheyde zeigt eine Szene aus dem Kölner Alltagsleben im 17. Jahrhundert: Ein Medicus praktiziert auf einer Straßenbühne.*

DIE FREIE REICHSSTADT IM URTEIL DER ZEITGENOSSEN

Das 18. Jahrhundert gehört nicht zu den glanzvollen Kapiteln der Stadtgeschichte – es war für Köln eine Zeit des Niedergangs. Die Zustände in der Stadt waren mehr als reformbedürftig, vor allem das Festhalten an der alten Zunftordnung hatte den wirtschaftlichen Abstieg begünstigt. Protektionismus und Vetternwirtschaft in den Gaffeln verhinderten einen echten Konkurrenzkampf der Betriebe, von einer Modernisierung der Produktionsweise konnte nie die Rede sein. Noch 1789 wurde mit der Mehrheit der Leinewebermeister jede Vergrößerung der Betriebe abgelehnt.

Neben die wirtschaftliche Immobilität trat die religiöse Intoleranz – das Festhalten am katholischen Bekenntnis als Kölner »Staatsreligion« führte dazu, dass man seit Beginn des 17. Jahrhunderts in regelmäßigen Abständen gegen die Protestanten vorging. So waren 1714 neun wohlhabende protestantische Kaufleute mit ihren Familien nach Mülheim »ausgewandert«, um den Schikanen des Rates zu entgehen. Die Unfähigkeit zum Umdenken zeigte sich besonders deutlich im sogenannten »Toleranzstreit« des Jahres 1787: Damals kam es zu konfessionell motivierten Tumulten, als protestantische Kreise den Bau eines eigenen Gebetshauses sowie die Duldung eines stillen Gottesdienstes beantragten; Bürgermeister und eine Ratsmehrheit standen dem Antrag durchaus wohlgesinnt gegenüber. Doch nach unerwarteten Widerständen aus der Bürgerschaft, die sich in Aufläufen und wüsten Beschimpfungen entluden, musste die Zusage zurückgenommen werden – ganz Deutschland lachte damals über die kleingeistige Unduldsamkeit der Kölner.

Und so war es auch nur folgerichtig, dass sich viele Besucher eher negativ über die Zustände in der Stadt äußerten: »Da wir nur ein paar Wegstunden von Köln entfernt waren, fuhren wir bequem dahin und kamen am nächsten Abend gegen 5 Uhr in die häßlichste und schmutzigste Stadt, die ich je gesehen habe. Wir gingen

Die von einem Fährherren aus Deutz betriebene »fliegende Brücke« zum Deutzer Ufer brachte ab 1674 einen Fortschritt für den Handel und den Verkehr zwischen den beiden Rheinufern.

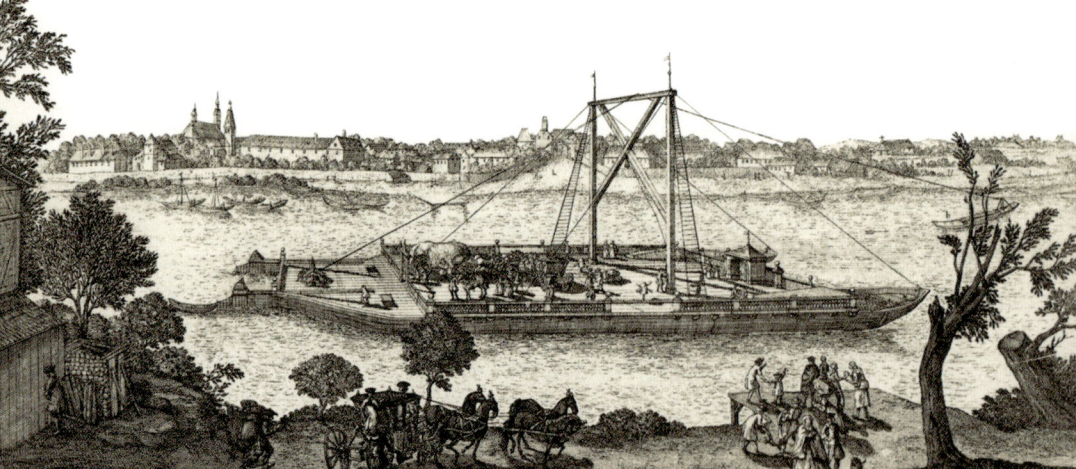

zum Dom, der nur ein Ruinenhaufen ist, ein riesiges mißgestaltetes Ding, dem weder Symmetrie noch Anmut zukommt.« So schrieb der Theologe John Wesley, Gründer der englischen Methodisten-Gemeinde, im Jahre 1738. Mehr als zehn Jahre zuvor hatte der berühmte Schweizer Mediziner Albrecht von Haller seine Eindrücke so zusammengefasst: »Diese weitläufige, erzkatholische Stadt ist sehr unangenehm und sehr schlecht bebaut. Die zahlreichen Kirchen sind zumeist gotisch und haben nichts Schönes an sich. Um die heiligen drei Könige war ich nicht neugierig, sondern ich war froh, diesen verdrießlichen Ort zu verlassen.«

Eisgang 1784 – das soll Köln sein...: phantasievolle Barockdarstellung der Hochwasserkatastrophe.

    Diese Einschätzung der Stadt sollte »Schule machen« – vor allem Reisende aus protestantischen Ländern zeichneten ein düsteres Bild der »erzkatholischen« Stadt und ihrer Bewohner. »Von außen bietet Cöln einen prächtigen Anblick, doch alle Pracht schwindet, sobald man einen Fuß unter das Tor gesetzt hat. Die Straßen und die Bewohner sind gleich finster – Cöln ist in jedem Betracht die abscheulichste deutsche Stadt«, dieses Urteil liest man in den 1784 veröffentlichten »Briefen eines reisenden Franzosen«. Und die Bürger der einst so mächtigen freien Reichsstadt waren unfähig, sich der neuen Zeit anzupassen – eine Änderung der »kölnischen Zustände« konnte nur von außen kommen.

KÖLN UNTER FRANZÖSISCHER HERRSCHAFT

Das Rathaus *zur französischen Zeit.*

LASTEN DER BESATZUNG

Kaum ein anderes Datum in der Geschichte Kölns hat einen derart tief greifenden Wandel eingeleitet wie der 6. Oktober 1794. An diesem Tag marschierten französische Revolutionstruppen durch das Hahnentor in die Stadt ein. Bürgermeister Reiner Josef Anton von Klespé überreichte ihnen die Stadtschlüssel. Die Ratsherren übergaben die Stadt kampflos. Die damit beginnende fast zwanzigjährige Herrschaft der Franzosen bedeutete das Ende der »freien Reichsstadt« und den Anfang eines neuen Zeitalters für Köln, das die mittelalterlichen Strukturen überwand und nahezu alle Lebensbereiche umgestaltete.

Für die Kölner begann mit dem Einmarsch der Franzosen eine als drückend empfundene Besatzung. Rund 40 000 Kölner mussten 12 000 Soldaten in Privathäusern und öffentlichen Gebäuden einquartieren, mit Nahrung und Kleidung und weiteren Materialien versorgen. Zudem waren Kontributionen, Kriegssteuern, zu leisten, die der Rat der Stadt eintreiben musste, auch wenn er sich energisch dagegen wehrte. Bis Anfang 1798 war bereits eine gewaltige Summe von 20 Millionen Talern aufgebracht worden. Die zwangsweise Einführung des Papiergeldes der französischen Republik, der Assignaten, anstelle des Metallgeldes kam einer Enteignung gleich, da sie inflationsbedingt rasch an Wert verloren. Die Assignaten wurden am 20. März 1796 wieder aus dem Verkehr gezogen. Eine bereits 1793 eingerichtete sachkundige

Die Errichtung des Freiheitsbaums auf dem Kölner Neumarkt *am 9. Oktober 1794. Ausschnitt aus einem Gemälde von F[rancois] R[ousseau] von 1794/95.*

Kunstkommission organisierte systematisch die Beschlagnahmung von hervorragendem Kulturgut, unter anderem das berühmte Gemälde »Kreuzigung Petri« von Peter Paul Rubens vom Hochaltar der Kirche St. Peter. Pressezensur und Gängelung gingen mit der Besatzung einher; doch verhielten sich die französischen Soldaten gegenüber der Bevölkerung vergleichsweise sehr zurückhaltend. Auf Plünderungen standen strenge Strafen. In der zwanzigjährigen Besatzungszeit ist kein Fall von Mord, Totschlag oder Vergewaltigung durch einen französischen Soldaten bekannt geworden.

Oben: **Jakobinermütze,** *um 1793. Symbol der Französischen Revolution.*
Rechts: **Die Stadtschlüssel,** *die am 6. Oktober 1794 übergeben wurden.*

ZICKZACKKURS DER FRANZÖSISCHEN BESATZER

Hektische Wechsel des politischen Kurses prägten die ersten Jahre der französischen Besatzung. Bei ihrem Einzug hatten die Franzosen den Kölnern versprochen, ihr Leben, ihr Eigentum, ihre Gesetze und ihre Religion zu achten. Doch am 28. Mai 1796 wurde der Rat aufgelöst, darauf kurzfristig wieder eingesetzt und schließlich am 5. September 1797 endgültig abgeschafft. Mitte 1797 begann die Phase, in der der Einfluss der Radikaldemokraten und Jakobiner deutlich zunahm. Die sogenannten Cisrhenanen riefen am 29. Juli 1797 die rheinische Republik mit Köln als Hauptstadt aus. Doch bereits im September 1797 begann der entscheidende Wechsel der französischen Besatzungspolitik: Köln sollte mit dem gesamten linken Rheinufer Teil des französischen Staates werden. Schrittweise wurden die linksrheinischen Gebiete eingegliedert.

Die Errichtung des Freiheitsbaums auf dem Kölner Neumarkt *am 9. Oktober 1794. In voller Breite: Das Gemälde von F[rancois] R[ousseau] von 1794/95 (siehe Vorseite).*

Treueid auf die französische Republik

Ende 1797 mussten alle Beschäftigten der Verwaltungen den Treueid auf die französische Republik leisten; weigerten sie sich, wurden sie aus dem Dienst entlassen. Dies führte zur Absetzung einiger Richter, von Beamten des Generalvikariats und vor allem von Mitgliedern der Kölner Universität, deren Protest ihr Rektor Ferdinand Franz Wallraf formulierte. Ein Jahr später allerdings leistete er dann doch den Eid auf die Republik.

Am 9. April 1798 trat eine neue Stadtverfassung nach französischem Muster in Kraft: Anstelle des Magistrats wurde die siebenköpfige Munizipalität eingeführt und eine moderne, in acht Fachressorts gegliederte Verwaltung aufgebaut. Schließlich folgte 1800 die »Mairie-Verfassung« – eine Bürgermeisterord-

Die Franzosen nummerieren die Häuser durch, *beschlossen hatte dies kurz vor ihrem Einmarsch der Stadtrat: Hier erhält das Haus des »Echt kölnischen Wassers« in der Glockengasse von einem französischen Reiter die Nummer 4711. Soweit die Legende ...*

nung, die auch in preußischer Zeit nahezu unverändert bis 1845 gültig blieb. Der Bürgermeister erhielt außerordentlich große Machtbefugnisse. Am 23. September 1802 wurde Köln vollgültiges Mitglied des französischen Staatsverbandes mit allen Rechten und Pflichten.

RADIKALER UMBRUCH

Zu den grundlegenden städtischen Reformen, die bereits der von den Cisrhenanen beherrschte Magistrat beschlossen hatte, zählt die Emanzipation der Protestanten und Juden. Bereits am 20. Oktober 1797 wurde die Aufhebung der Ungleichheit der Abgaben zwischen Protestanten und Katholiken und im November 1797 aufgrund einer Initiative von französischer Seite auch die rechtliche Gleichstellung verfügt. Diese Bestimmungen galten analog für die Juden. Den nicht-katholischen Einwohnern

wurde ausdrücklich das volle Bürgerrecht zuerkannt, die Bezeichnung »Beisaß« verboten. Damit war ein radikaler Bruch vollzogen: Bürger war nunmehr jeder Einwohner, allerdings wohlgemerkt nicht Frauen und Kinder.

Anders als die Juden hatten die Protestanten bis dahin zumindest Aufenthaltsrecht in Köln gehabt. 1787 lebten etwa 300 bis 400 Protestanten in Köln, also etwa ein Prozent der Bevölkerung. Sie durften sich nur in bestimmten Bereichen wirtschaftlich betätigen, stellten aber bald ein Drittel der 70 reichsten Kölner Familien. Der erste öffentliche evangelische Gottesdienst in Köln fand am 23. Mai 1802 im Brauerzunfthaus auf der Schildergasse statt. Am 19. Mai 1805 wurde die Antoniterkirche nach umfangreichen Umbauten feierlich als evangelisches Gotteshaus eingeweiht. Rasch stieg jetzt die Zahl der Protestanten in Köln: 1812 lebten bereits über 1700 in der Stadt.

Die Antoniterkirche *auf der Schildergasse (um 1805), das erste Gotteshaus der Protestanten in Köln.*

Reform des Rechtswesens

Eine weitere grundlegende Veränderung stellte die Reform des Rechtswesens dar. Die Rechtsprechung, bis dahin Teil der Verwaltung und mit 30 Gerichten völlig unübersichtlich geworden, wurde nun von der Verwaltung strikt getrennt. Damit wurden Richter in ihren Entscheidungen unabhängig und ein zentraler Grundsatz moderner Rechtsstaatlichkeit verwirklicht. Gerichte für Zivil-, Straf-, Handels- und Gewerbesachen wurden eingerichtet, Schwurgerichte und Berufsregelungen eingeführt, die Verfahren öffentlich und mündlich verhandelt. Dadurch sollte die Gleichheit vor dem Gesetz garantiert werden, Person und Stand sollten keine Rolle mehr spielen. Zur Rechtssicherheit trug auch bei, dass die Rechtsprechung nunmehr kodifiziert wurde und damit auch einklagbar war. Das wichtigste Gesetzbuch war der Code civil, häufig nach seinem Urheber auch »Code Napoléon« genannt. Er garantierte die Freiheit der Person und des Eigentums, die Vertrags- und die wirtschaftliche Betätigungsfreiheit.

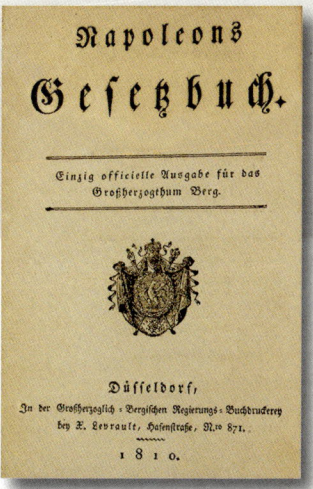

Titelblatt der deutschen Übersetzung vom »Code Napoléon«, *1810.*

Juden durften seit ihrer Vertreibung im Jahr 1424 nicht mehr in der Stadt leben. Selbst für einen eintägigen Aufenthalt in Köln benötigten sie eine Sondergenehmigung und hatten dann noch den entehrenden Leibzoll zu zahlen, der ansonsten nur für Vieh verlangt wurde. Als erster Jude seit 1424 erhielt am 16. März 1798 Josef Isaak (Josef Stern) aus Mülheim am Rhein die Erlaubnis, sich von diesem Tag ab in der Stadt niederzulassen. Zu den ersten Juden, die sich in Köln ansiedelten, gehörte 1798 auch Salomon Oppenheim, der angesehene Handelsbankier. 1801 verlegte er seine Firma Sal. Oppenheim Jr. & Cie. nach Köln. Am 12. Oktober 1801 bildete sich eine jüdische Gemeinde, die bis 1808 auf 133 Mitglieder anwuchs. Doch die volle gesellschaftliche Anerkennung blieb den Juden versagt. Napoleon schränkte 1808 durch das »Schändliche Dekret« die Rechtsgleichheit der Juden bei der Kreditvergabe und der Berufsausübung, speziell in Handel und Gewerbe, wieder erheblich ein.

Während der französischen Herrschaft vollzog sich auch ein wirtschaftlicher Strukturwandel. Seit der Aufhebung der Zünfte am 26. März 1798 herrschte Gewerbefreiheit. Damit brachen die starren zünftigen Reglementierungen auf. Wirtschaftliche Initiative und Kreativität waren nunmehr gefordert, und es wurde die Grundlage für die weitere Ausbreitung neuer kapitalistischer Wirtschaftsstrukturen gelegt. Die Industrialisierung setzte jedoch erst später ein. Köln besaß auch zur französischen Zeit noch eine beachtliche Wirtschaftskraft und war das bedeutendste Handelszentrum am Rhein, wenngleich um 1794 der Handel stagnierte und die gewerbliche Produktion zurückging. Durch die Eingliederung in das französische Staatsgebiet wurde 1798 die französische Zollgrenze an den Rhein verlegt und Köln damit zur Grenzstadt, wodurch wichtige geschäftliche Verbindungen zum Bergischen Land unterbunden wurden, ohne dass der französische Markt dafür bereits Ersatz bot. Eine weit in die Zukunft reichende Neuerung stellte der 1797 gegründete Kölner Handelsvorstand dar, der 1803 nach französischem Muster in eine Handelskammer umgewandelt wurde.

Einen der tiefsten politischen, wirtschaftlichen und sozialen Einschnitte in der Stadtgeschichte überhaupt stellt die Säkularisation dar. Die Politik der französischen Revolution war durch einen schroffen antikirchlichen Kurs bestimmt, der in den ersten Jahren der Besatzung noch nicht voll in den besetzten Gebieten umgesetzt wurde. 1798 wurden alle kirchlichen Handlungen wie Prozessionen, Wallfahrten und Beerdigungsriten außerhalb der kirchlichen Räume verboten. Religiöse Symbole mussten aus der Öffentlichkeit verschwinden, und Geistliche durften sich nicht mehr in ihrem Habit auf der Straße zeigen. Das Erzbistum Köln links des Rheins wurde 1802 aufgelöst, der Dom wurde zur einfachen Pfarrkirche, und es wurde ein neues Bistum in Aachen gebildet. 1802 wurden die Kirchen und Klöster aufgehoben und kamen in Staatsbesitz. Sie wurden säkularisiert. Dies traf das »heilige Köln« besonders hart, denn keine andere deutsche Stadt war so stark von Sakralbauten geprägt. Viele Kirchen und andere sakrale Bauten wurden einfach abgerissen, andere umfunktioniert zu Lagern, Fabrikhallen oder ähnlichem. Insgesamt wurden 120 Kirchen, Klöster und Kapellen aufgehoben oder abgebrochen.

Man mag den Verlust an Kunst- und Kulturgut beklagen, aber das expandierende Großgewerbe erhielt dadurch die Möglichkeit, preiswert Gebäude zu erwerben und sie zu Produktionsstätten auszubauen. Zwischen 1803 und 1813 wurden 12,1 Prozent der Kölner Gebäude auf den Immobilienmärkten in Aachen und Köln gehandelt – einer der größten Eigentumswechsel in der Kölner Stadtgeschichte. Den größten Teil der säkularisierten Gebäude kauften Katholiken. Zahllose Kunstwerke wurden nun aus Klöstern und Kirchen angeboten und drohten zugrunde zu gehen. Bedeutende private Kunstsammlungen wurden aufgebaut, unter anderem von Wallraf, der sie später der Stadt vermachte; die Sammlung des Barons von Hüpsch ging nach Darmstadt, und die bedeutsamste Sammlung der Brüder Boisserée wurde an König Ludwig I. von Bayern verkauft und ist heute in der Alten Pinakothek in München zu bewundern.

....

Säkularisation in Köln:

Die grauen Kästchen markieren aufgehobene und zumeist abgebrochene Klöster, Pfarr- und Stiftskirchen, die roten die erhaltenen.

WANDEL UND BEHARRUNG IM ALLTAGSLEBEN

Viele Dinge im alltäglichen Leben der Kölner wandelten sich. Zeitweilig hatten sie Kokarden zu tragen und sich mit »Bürger« anzureden. Sie mussten sich über mehrere Jahre mit dem ungeliebten Revolutionskalender abkämpfen, der die Monate in dreißig Tage und in drei Zehntagewochen unterteilte und neue Namen für Tage und Monate einführte. Jeder Bürger hatte morgens die Straße zu reinigen, abends für Straßenbeleuchtung zu sorgen. Das Dezimalsystem wurde bei der Reform der Münz-, Maß- und Gewichtsysteme zugrunde gelegt und die noch heute gültigen Maßeinhei-

*Erhalten gebliebene **französisch-deutsche Straßen-bezeichnung** am Zeughaus (heute Stadtmuseum).*

ten Meter, Hektar und Liter eingeführt. Heirat, Geburt und Tod wurden nun auf dem Rathaus vor dem Standesbeamten beurkundet und nicht mehr vom Pfarrer. Beerdigungen fanden nicht mehr auf den Kirchhöfen statt, sondern seit 1810 außerhalb der Stadt auf dem neu angelegten Friedhof Melaten. Seit 1813 wurden französische Bezeichnungen für Straßen und Plätze eingeführt. So wurde etwa aus der Krebsgasse die *Rue de l'ecrevisse*.

So tief greifend der Wandel durch die französische Herrschaft auch war, die Sozialstruktur Kölns blieb im Wesentlichen unangetastet. Die gesellschaftlichen und sozialen Strukturen wurden nicht revolutioniert, sondern die gesetzlichen Grundlagen des sozialen Systems radikal verändert. Dem neuen allgemeinen Staatsbürgerrecht hatten sich auch Adel und Geistlichkeit zu unterwerfen. Der soziale Gegensatz war nach wie vor extrem: Etwa ein Prozent der von 40 000 auf 46 000 angestiegenen Bevölkerung zählte zur Oberschicht, zehn Prozent zur Mittelschicht und der Rest, also die große Mehrheit, zur Unterschicht. Etwa ein Drittel der Bevölkerung gehörte zu den Armen, den Tagelöhnern und Bettlern. Die Säkularisation wirkte sich auch sozialpolitisch aus: Die Armenverwaltung wurde nun eine kommunale Aufgabe, da bis dahin zumeist die Kirche die große Zahl von Bettlern unterstützt hatte.

Die Kölner hatten sich im Lauf der Jahre an die französische Herrschaft gewöhnt, ohne dass sie glühende Anhänger der Revolution geworden wären. Obwohl sich das Leben der Kölner auf zahlreichen Gebieten änderte, entstand zu keinem Zeitpunkt der französischen Herrschaft eine Oppositionsbewegung oder gar ein gewaltsamer Widerstand gegenüber den französischen Herrschern. Die wirtschaftlichen Eliten

Napoleon in Köln

Bei seinem ersten Besuch, der vom 13. bis 17. September 1804 stattfand, begleitete ihn seine Frau Josephine. Napoleon stand damals kurz vor seiner Kaiserkrönung. Die Kölner bereiteten ihm einen mehr als pflichtgemäßen begeisterten Empfang, auch wenn die Aufstellung einer Ehrengarde nur unter großen Schwierigkeiten zustande gekommen war. Napoleon bedankte sich, indem er Köln das Stapelrecht bestätigte und es in die Reihe der »bonnes villes« (der guten Städte) erster Ordnung aufnahm. Bei seinem zweiten Besuch in Köln vom 5. bis 7. November 1811 – dieses Mal mit seiner zweiten Frau Marie Louise – war der Empfang in Reaktion auf die politisch-militärische Lage deutlich abgekühlter. Antinapoleonischen Äußerungen waren in dieser Zeit zu vernehmen.

oben: Das von Napoleon 1811 verliehene **neue Stadtwappen.** *unten:* **Das Rathaus mit einem Freiheitsbaum** *(zwischen Rathauslaube und Rathausturm), Kupferstich von 1798.*

schlossen ihren Frieden nach dem Ende der revolutionären Phase mit den Franzosen und brachten Sympathien für Napoleon auf.

Bis zuletzt wurde der um den Kaiser und seine Familie aufgestellte Festkult eingehalten. Zweimal im Jahr wurden in der Stadt Napoleon-Feiern mit Umzügen begangen: am 15. August das »Fest des heiligen Napoleon«, das Napoleon eingeführt hatte, und am 2. Dezember zum Krönungstag des Kaisers. So geschah es noch am 2. Dezember 1813, nur wenige Wochen bevor die Franzosen am 14. Januar 1814 die Stadt verließen.

KÖLN UNTER PREUSSISCHER HERRSCHAFT IM VORMÄRZ

ENTTÄUSCHTE HOFFNUNGEN UND EINIGE ERFOLGE

Am Morgen des 14. Januar 1814 verließen die letzten französischen Soldaten Köln, anderntags rückten preußische und russische Truppen kampflos in die Stadt ein. Am 8. Februar 1815 erhielt Preußen auf dem Wiener Kongress die Rheinlande zugesprochen. Köln war zu einer preußischen Stadt geworden. Der preußische König Friedrich Wilhelm III. versprach den Rheinländern am 5. April 1815 im »Besitzergreifungspatent« eine Verfassung mit einer gesamtpreußischen Repräsentation des Volkes sowie einer

Vertretung der Provinzen, eine gerechte Verwaltung, wirtschaftliche Wohlfahrt, geringe Steuern. Dies weckte durchaus Hoffnungen bei den Kölnern, die den Preußen, bei aller Freude über das Ende der französischen

Rheinländer und Preußen

Der Kölner Bankier Abraham Schaaffhausen soll zur Nachricht, dass die Rheinlande an Preußen fielen, gesagt haben: »Jesses, Maria, Joseph, do hierode mer ävver in en ärm Famillich«. Die Preußen wurden als »Litauer« beschimpft, während die preußischen Regierungsbeamten über den »lauen Charakter« der Kölner klagten, denen »ein gemächliches Leben« liege und »die eigentliche Tatkraft« fehle. Für die Preußen galten die Rheinländer als »Halbfranzosen«, die zu regermanisieren waren. Der Gegensatz zwischen dem protestantischen und trotz Reformen absolutistisch regierten sowie agrarisch geprägten Preußen und der katholischen Bürgergesellschaft Kölns, die in zwanzigjähriger französischer Herrschaft tief greifende Reformen mitgemacht und in vollem Umfang das Rechts- und Verfassungssystem Frankreichs übernommen hatte, war denkbar schroff.
Bild: Regierungspräsidium in der Zeughausstraße, erbaut 1829 – 1832.

Grundsteinlegung
*zum Weiterbau des Doms
am 4. September 1842.*

Herrschaft, skeptisch gegenüberstanden. Viele Kölner und Rheinländer waren überzeugt, den Preußen ökonomisch und politisch weit überlegen zu sein.

Tatsächlich wurden die Erwartungen der Kölner schnell enttäuscht. Sie hatten gehofft, ihre Stadt würde die führende Rolle bei der Neugestaltung der Rheinlande spielen; jetzt sahen sie sich noch stärker als in der Franzosenzeit übergangen. 1818 kam die Rheinische Universität nach Bonn, obwohl die Kölner sich seit der Schließung ihrer Universität durch die Franzosen intensiv um die Neugründung bemüht hatten. Die Kunstakademie wurde 1819 in Düsseldorf errichtet. Nachdem Köln zunächst immerhin Sitz einer von zwei neu geschaffenen Provinzen im Rheinland war, wurden diese 1822 zur Rheinprovinz zusammengelegt und dessen Oberpräsidium nach Koblenz verlegt. 1824 erhielt Düsseldorf den Sitz des neu geschaffenen Provinziallandtags. Köln blieb nur der Sitz des Regierungsbezirks und das rheinische Appellationsgericht, aus dem sich später das Oberlandesgericht entwickelte. Vom Erfolg gekrönt wurden jedoch die nachhaltigen Bemühungen der Kölner, die von den Franzosen eingeführte Rechtsordnung, die sie sich als »rheinisches Recht« zu eigen gemacht hatten, zu retten. Der Kampf um das Rechtswesen bildete den Kernpunkt der rheinischen Selbstbehauptung gegenüber dem preußischen Staat. Erhalten blieben auch die wirtschaftliche Gesetzgebung und bis 1845 die französische Gemeindeverfassung. Das Erzbistum Köln wurde 1821 wiederhergestellt und 1825 mit Ferdinand August Graf Spiegel das Amt des Kölner Erzbischofs wieder besetzt. Reibungen und Klagen zwischen Kölnern und Preußen ergaben sich dadurch, dass die neu eingerichteten Verwaltungsstellen vielfach mit altpreußischen protestantischen Beamten besetzt wurden.

Gerichtsgebäude Appellhofplatz,
Sitz des Kölner Appellationsgerichtshofs,
1826 eingeweiht.

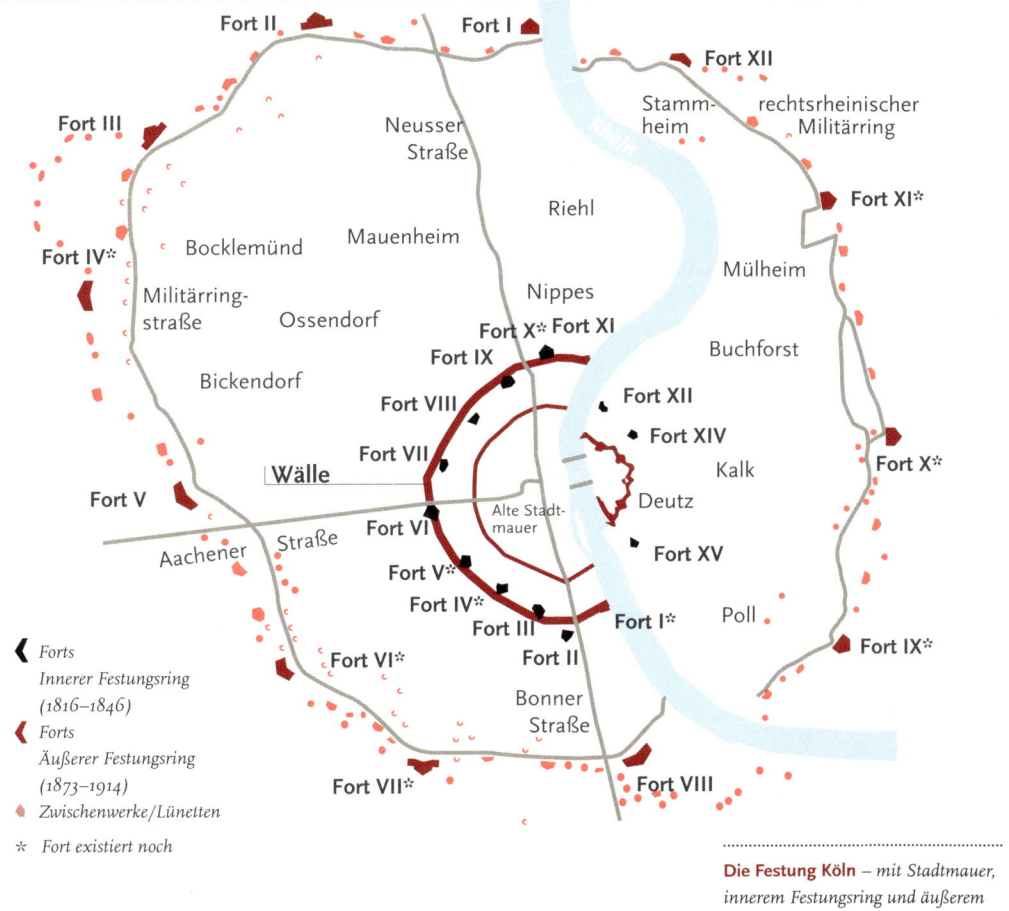

Fort II · Fort I · Fort XII
Fort III · Stammheim · rechtsrheinischer Militärring
Neusser Straße
Riehl · Fort XI*
Mauenheim
Bocklemünd · Fort IV* · Mülheim
Militärringstraße · Nippes
Ossendorf · Fort X* · Fort XI · Buchforst
Fort IX
Bickendorf · Fort VIII · Fort XII
Fort VII · Fort XIV
Wälle · Kalk · Fort X*
Fort V · Deutz
Aachener Straße · Fort VI · Alte Stadtmauer · Fort XV
Fort V* · Poll
Fort IV* · Fort IX*
Fort III · Fort I*
Fort VI* · Fort II
Bonner Straße
Fort VII* · Fort VIII

‹ *Forts*
Innerer Festungsring
(1816–1846)

‹ *Forts*
Äußerer Festungsring
(1873–1914)

● *Zwischenwerke/Lünetten*

* *Fort existiert noch*

Die Festung Köln – *mit Stadtmauer, innerem Festungsring und äußerem Festungsring.*

FESTUNG KÖLN

Mit der Besetzung Kölns durch die Preußen begannen die umfassende Militarisierung der Stadt und ihr Ausbau zur größten Festungsstadt des Deutschen Reichs. Dies prägte grundlegend die Stadtentwicklung des nächsten Jahrhunderts und bestimmt die Stadtstruktur bis auf den heutigen Tag. Die Stadt wurde durch einen Festungsring eingeschnürt, der zunächst jede räumliche Ausdehnung verhinderte, keine ausreichenden Flächen für die Ansiedlung von größeren Industrieanlagen bot und das Bevölkerungswachstum hemmte. Auch innerhalb der Stadt war die militärische Präsenz sehr stark. Insgesamt haben bis zu 8 000 Militärpersonen – Familienangehörige und Bedienstete eingeschlossen – in Köln und Deutz ihren Dienst geleistet.

Militärisches Deutz Die unbefestigte selbstständige Ortschaft Deutz – in römischer Zeit ein Kastell – wurde zwischen 1818 und 1840 durch einen Wall mit Kasematten und Bastionen sowie einem davor befindlichen Graben mit einer Breite von 24 bis 30 Metern befestigt. Danach wurden Kasernen und drei Forts und zwei Lünetten errichtet. Deutz war bald vollständig vom Militär geprägt. In den Deutzer Kasematten wurde am 22. Februar 1840 der spätere Führer der deutschen Arbeiterbewegung, August Bebel, geboren.

BEBELS GEBURTSSTÄTTE
KASEMATTE KÖLN-DEUTZ
IM JAHRE 1840

Der Ausbau der Stadt zur Festung geschah in mehreren Phasen: Zunächst wurde zwischen 1822 und 1830 die im Lauf der Jahrhunderte stark beschädigte mittelalterliche Mauer instand gesetzt und verstärkt. Gräben vor der Stadt wurden neu ausgehoben. Etwa 500 Meter vor der Stadtmauer wurde bis 1825 zunächst ein Kranz von fünf Forts errichtet; weitere sechs dieser großen Festungswerke entstanden erst zwischen 1841 bis 1846. Die insgesamt elf Forts waren im Halbkreis um die Stadt angeordnet. Vor den Forts wurde das notwendige Schussfeld, die Rayons, eingerichtet. Im ersten Rayon, etwa 600 Meter vor den Forts, war jede Bebauung verboten. Im zweiten Rayon, weitere 400 Meter vor der Fortlinie, waren nur leichte Wohn- und Wirtschaftsgebäude zulässig. In den 1860er-Jahren machte die Entwicklung der Artillerie und von weiterreichenden Geschützen eine Erweiterung des Verteidigungsgürtels um mehrere Kilometer (zwischen 5,6 und 7,7 Kilometer) notwendig. Als äußerer Festungsring wurden in den 1870er-Jahren entlang der Militärringstraße acht neue Forts und im Rechtsrheinischen vier

Rosenmontagszug auf dem Neumarkt *im Jahr 1836. Seit 1823 startete hier der Karnevalszug.*

weitere Forts sowie 23 Zwischenwerke angelegt. Am Ende besaß die Festung Köln in ihrem äußeren, rund 42 Kilometer langen Festungsring 182 Werke und war damit zur größten Festung Deutschlands geworden.

KÖLNER EREIGNIS — DOMBAUVOLLENDUNG — VERFASSUNGSFRAGEN

1837 kam es zum ersten großen Konflikt zwischen preußischem Staat und katholischer Kirche. Er entzündete sich an der Frage der konfessionellen Mischehe, deren Zahl durch den Zuzug evangelischer Beamter stark anstiegen war. Die katholische Kirche lehnte die Mischehen grundsätzlich ab und machte die kirchliche Einsegnung gemischter Ehen davon abhängig, dass die Kinder katholisch getauft und erzogen wurden. In Preußen hatte sich aber die Praxis eingebürgert, Kinder nach der Religion des Vaters zu erziehen und der Vorgänger Erzbischof Vischerings, Graf Spiegel, hatte dies in einem geheimen Abkommen mit dem preußischen Staat akzeptiert. Vischering, seit 1835 im Kölner Amt, weigerte sich, diese Praxis fortzusetzen. Dies führte zum ernsten Konflikt mit dem Staat: Am 20. November 1837 wurde der Erzbischof durch bewaffnetes Militär verhaftet und auf die Festung Minden gebracht. Dieser spektakuläre Akt ist als »Kölner Ereignis« in die Geschichte eingegangen. Jahrelange Auseinandersetzungen zwischen Kirche und Staat folgten. Doch der Zusammenhalt der Katholiken und die Kirche selbst wurden gestärkt. Der Streit endete schließlich mit einem Kompromiss, der die kirchlichen Rechte weitgehend wahrte, den Erzbischof aber nicht wieder in sein Amt brachte.

Der Kölner Erzbischof **Clemens August Freiherr Droste zu Vischering.**

Das Verhältnis zwischen Kirche und Staat entkrampfte sich in den folgenden Jahren nur sehr allmählich. Eine wesentliche Rolle spielte dabei die Dombauvollendung, die fast das gesamte 19. Jahrhundert die Kölner Stadtpolitik beherrschte. Die christlich-romantische Begeisterung für die mittelalterliche Gotik verband sich dabei mit der Absicht, ein Denkmal für die nationale Einheit Deutschlands zu schaffen. Sulpiz Boisserée hatte entscheidenden Anteil an der Bewegung zur Fertigstellung des Doms. Stark gefördert wurde sie von König Friedrich Wilhelm IV., der schon bei seinem ersten Besuch in Köln als Kronprinz 1814 vom Dom begeistert war. Als Fest der Versöhnung von Thron und Altar wurde vielfach das glanzvolle nationale Fest der Grundsteinlegung zum Weiterbau des Kölner Domes am 4. September 1842 verstanden.

Jahrelang beschäftigte sich in Köln wie im gesamten Rheinland die Öffentlichkeit sehr lebhaft mit Verfassungsfragen: Der Unmut über das nicht eingehaltene Verfassungsversprechen des Königs war groß und führte zu Spannungen zwischen liberalem Bürgertum und preußischem Staat. Die 1824 geschaffenen Provinziallandtage enttäuschten das liberale Bürgertum, weil sie keine Volksvertretung darstellten und weder über Entscheidungs- oder Kontrollrechte verfügten, ferner weil der Landadel wegen der ständischen Zusammensetzung dominierte und ein Großteil der Bevölkerung vom Wahlrecht ausgeschlossen wurde.

WIRTSCHAFTLICHE UND SOZIALE LAGE

In den Jahren der preußischen Herrschaft veränderte sich das Stadtbild Kölns grundlegend. Noch bis in die 1830er-Jahre war Köln eine Gartenstadt: Die Wohnhäuser verfügten in der Regel über einen eigenen Blumen- und Nutzgarten. Es gab eine Fülle von ausgedehnten Obst- und Weingärten und an der Peripherie umfangreiche Gemüsegärten. Gegen Ende der 1830er-Jahre entfaltete sich eine erste rege Bautätigkeit, durch die sich das Kölner Stadtbild grundlegend wandelte. Straßen wurden angelegt bzw. verbreitert und eine Reihe von militärischen und öffentlichen Bauten errichtet wie zum Beispiel Kasernen, das Gerichtsgebäude am Appellhofplatz, das 900 Zuschauer fassende Theater in der Komödienstraße, das Regierungsgebäude in der Zeughausstraße oder das Casinogebäude am Augustinerplatz.

Das »Werthchen«, *die Halbinsel vor dem späteren Rheinauhafen.*

Das Minoritenkloster, *mit der Minoritenkirche im Hintergrund, Sitz der Armenverwaltung von 1810 bis 1847.*

In den ersten Jahrzehnten der preußischen Herrschaft wuchs die Kölner Bevölkerung überdurchschnittlich rasch: 1850 war sie mit fast 100 000 Menschen bereits doppelt so groß wie 1816. Die Wohnverhältnisse wurden katastrophal. Es kam zu einer Massenarmut. Über die Hälfte der Bevölkerung dürfte am Rande des Existenzminimums gelebt haben. Zum Arbeitsalltag zählten Arbeitszeiten bis zu 13 und mehr Stunden, einschließlich Sonntagsarbeit, oft gesundheitsgefährdende und streng reglementierte Arbeitsbedingungen, knapp an der Grenze des Existenzminimums liegende Löhne, zudem war man sozial schutzlos bei Krankheit, Unfall und im Alter. Die zusätzliche Arbeit von Frauen und Kindern wurde notwendig für das Überleben. In der Regel erhielten Frauen nur 50 und Kinder nur zehn Prozent des Lohnes eines Mannes. Erst ein Gesetz aus dem Jahre 1853 verbot Kinderarbeit in Fabriken unter zwölf Jahren und begrenzte die Arbeitszeit bis zum 14. Lebensjahr auf sieben Stunden.

Bis 1850 gab es in Köln keine nennenswerte Industrialisierung. Die erste Dampfmaschine in preußischer Zeit wurde seit 1828 bei der Getreidemühle der Gebrüder Jacobi eingesetzt. Bis 1846 folgten weitere 25 Dampfmaschinen in Köln. Herrschte bis in die 1820er-Jahre noch der Kleinbetrieb vor, entstanden seitdem vermehrt Manufakturen. Zu den ersten vorindustriellen Gründungen zählten: die Zuckersiedereien, die Produktion des Mürbebäckers Franz Stollwerck, die 1823 gegründete Firma Felten & Guilleaume mit der Produktion von Drahtseilen, die Herstellung von Gummiband

Zug der Rheinischen Eisenbahngesellschaft, *um 1844.*

durch die Firma Ferdinand Kohlstadt, seit den 1830er- und 1840er-Jahren mehrere Eisengießereien und Maschinenwerkstätten, seit 1845 der Waggonbau der Firma van der Zypen & Charlier in Deutz. Der Handel bildete aber nach wie vor das Rückgrat der städtischen Wirtschaft. Die Dampfschifffahrt machte in den 1830er- und 1840er-Jahren große Fortschritte ebenso wie die Eisenbahn. 1833 war die »Rheinische Eisenbahngesellschaft« gegründet worden. 1839 konnte die erste Teilstrecke von Köln nach Müngersdorf eröffnet, 1841 die Strecke Köln-Aachen fertig gestellt werden. Die 1843 gegründete »Köln-Mindener Eisenbahngesellschaft« schuf Verbindungen ins Ruhrgebiet und nach Berlin.

POLITISCHES KLIMA AM VORABEND DER REVOLUTION

Die 1845 erlassene »Gemeindeordnung für die Rheinprovinz« löste die französische »Mairie-Verfassung« ab. Die Gleichstellung von Stadt und Land blieb erhalten. Immerhin wurden die Gemeinderäte jetzt nicht mehr ernannt, sondern gewählt, wenn auch nach einem strengen Zensus. Die Oberbürgermeister wurden weiter vom Staat berufen. Sie hatten wie bisher die alleinige Vollzugsgewalt. Der Rat besaß lediglich

Angriff preußischer Truppen *auf Kölner Bürger am 4. August 1846.*

beratende Funktion, und er stellte kein demokratisch gewähltes Gremium dar. Es wurde ein strenges Dreiklassenwahlrecht eingeführt, das den größten Teil der Bevölkerung vom Wahlrecht ausschloss, weil es das Wahlrecht von hohen Steuerleistungen abhängig machte. Lediglich rund fünf Prozent der männlichen Bevölkerung konnten in den 1840er-Jahren wählen. Frauen verfügten weder über das passive noch das aktive Wahlrecht.

Karikatur *zum Verbot der Rheinischen Zeitung, 1843*

Die Rolle der Zeitungen Für die Politisierung der Bevölkerung spielten in diesen Jahren auch die Zeitungen eine wichtige Rolle. Die »Kölnische Zeitung« war seit 1839 die einzige in Köln erscheinende Tageszeitung, nachdem ein Konkurrenzblatt an den Buchhändler DuMont-Schauberg verkauft worden war. Seit dem 1. Januar 1842 erschien die »Rheinische Zeitung«. Die Lizenz an der Zeitung hielt ein Kreis von jüngeren Männern, die sich als »Junges Deutschland« zusammengeschlossen hatten und die zum ersten Mal in Preußen eine Zeitung als Aktiengesellschaft gegründet hatten. Mitte Oktober 1842 übernahm ein 24-jähriger, frisch promovierter Philosoph namens Karl Marx die Redaktion. Aus Zensurgründen trat er formell niemals als Chefredakteur in Erscheinung. Marx stellte in seinen Artikeln praktische soziale Probleme in den Mittelpunkt und kritisierte anhand von konkreten politischen Tagesfragen die bestehenden Verhältnisse und den preußischen Staat. Die »Rheinische Zeitung« wurde bald wegen ihrer radikalen Kritik am preußischen Staat und ihres hohen Niveaus überregional beachtet. Im März 1843 wurde die Zeitung verboten und Marx zog sich nach Paris zurück.

Die wirtschaftliche und soziale Krise jener Jahre ließ eine politisch brisante Lage entstehen. Einen Vorboten der kommenden Revolution von 1848 bildeten die blutigen Zwischenfälle am 3. und 4. August 1846 während der Martinskirmes. Das Militär war brutal gegen Bürger vorgegangen, nachdem Jugendliche verbotenerweise mit Feuerwerkskörpern gespielt hatten. Mehrere junge Leute wurden verletzt und der Fassbindergeselle Statz erlag seinen Verletzungen. Die Empörung in der Bevölkerung darüber war groß. Ein Untersuchungsausschuss unter der Leitung des linken Demokraten und Zigarrenhändlers Franz Raveaux deckte Missstände auf. Bei den Wahlen zum Gemeinderat 1846 erzielten die Demokraten daraufhin einen großen Erfolg: Vier von ihnen wurden in die dritte Klasse gewählt. Die sozialistische Richtung formierte sich. Frühestens im September 1847 gab es in Köln eine Gemeinde des Bundes der Kommunisten. Jetzt traten im Kreis der Kölner Demokraten und Sozialisten stärker sozialistisch orientierte Personen in den Vordergrund wie der Armenarzt Dr. Andreas Gottschalk und der ehemalige Offizier August von Willich. Es gärte politisch in Köln. Die Kölner Demokraten schienen für eine Revolution recht gut gerüstet.

VON DER REVOLUTION ZUR REICHSEINHEIT

AUSBRUCH DER REVOLUTION VON 1848

Extrablätter meldeten am 26. Februar 1848 Sensationelles aus Paris: In Frankreich war die Revolution ausgebrochen, der König zurückgetreten. Im März sprang der Funken auf Deutschland über. Die erste Stadt, die die Revolution erreichte, war Köln. Am späten Nachmittag des 3. März 1848 versammelte sich eine gewaltige Menge von 5 000 Menschen (bei 90 000 Einwohnern) vor dem Rathaus, um dem Stadtrat ihre Forderungen zu überreichen. Der Protestzug war von führenden Mitgliedern des »Bundes der Kommunisten« wie Andreas Gottschalk, August von Willich, Friedrich Anneke und Nikolaus Hocker organisiert worden. Eine Delegation unter Führung Gottschalks wurde zum Rat durchgelassen. Gegen Abend griff preußisches Militär ein. Die führenden Köpfe wurden – teils noch am anderen Tag – verhaftet.

Flugblatt »Forderung des Volks«. *»Friede mit allen Völkern« wurde als siebte Forderung auf einigen Zetteln nachgetragen.*

Doch am Morgen des 18. März 1848 brach auch in Berlin die Revolution aus. Der König sah sich gezwungen nachzugeben und erfüllte am 21. März wichtige Forderungen der Märzbewegung wie Versammlungsfreiheit, Pressefreiheit und Meinungsfreiheit. Er berief zwei Vertreter des rheinischen Liberalismus in die Regierung: den Kölner Ludolf Camphausen als Ministerpräsidenten und den Aachener David Hansemann als Finanzminister. In Köln wurde die

Rathaus um 1854, *im Vordergrund ein preußischer Soldat.*

Das »Deutsche Kaffeehaus« von Stollwerck
in der Schildergasse, hier 1851.

Nachricht von den Berliner Ereignissen mit großem Jubel aufgenommen. Mindestens 10 000 Menschen strömten auf dem Neumarkt zusammen. Fast täglich fanden große Volksversammlungen statt, die von Tausenden von Menschen besucht wurden, so im »Deutschen Kaffeehaus« von Stollwerck auf der Schildergasse oder im Gürzenich. Die politischen Forderungen wurden radikaler. Am 20. März wurde die Kölner Bürgerwehr gegründet, die anstelle des verhassten Militärs für Ruhe und Ordnung, aber auch für den »Schutz der gesetzlichen Freiheit«

sorgen sollte. Die Bürgerwehr bestand aus insgesamt 20 Kompanien mit 6 000 Männern, die sich freiwillig meldeten und ihre Anführer selbst wählten. Die Revolution verstärkte die Aufspaltung der Oppositionsbewegung. Die demokratische Bewegung löste sich aus der Vormundschaft der Liberalen, und es entstanden Vereine mit unterschiedlichen Zielen, in denen man Vorformen von Parteien sehen kann. Am 13. April 1848 wurde der »Kölner Arbeiterverein« gegründet und Gottschalk zum Präsidenten gewählt. Innerhalb weniger Wochen schnellte die Mitgliederzahl auf bis zu 8 000 Mitglieder hoch, das waren immerhin 15 Prozent der Kölner Bevölkerung und rund 22 Prozent der 35 800 Erwerbstätigen! Damit war der Kölner Arbeiterverein der größte lokale Arbeiterverein in Deutschland. Am 25. April 1848 wurde die »Demokratische Gesellschaft« gegründet, die neben dem Arbeiterverein die wichtigste Organisation während der Revolution in Köln wurde. Sie vertrat fortschrittliche demokratische Positionen, wollte Demokratie und Volkssouveränität verwirklichen. Der unbestrittene Führer der Demokraten war Franz Raveaux. Als eine direkte Gegengründung dazu wurde am 20. Mai 1848 der »Kölner Bürgerverein« geschaffen. In ihm schloss sich das wohlhabende liberal-konservative Bürgertum zusammen, das anders als die republikanische Linke eindeutig die konstitutionelle Monarchie befürwortete und auf den Einklang zwischen

Fahne der Demokratischen Gesellschaft in Köln *von 1848.*

Volk und Regierung setzte. Im ebenfalls im Mai 1848 begründeten »Piusverein« sammelte sich der politische Katholizismus Kölns.

Große Bedeutung kam bald einer anderen politischen Kraft zu. Marx und Engels waren am 11. April nach Köln zurückgekehrt und die Zentrale des »Bundes der Kommunisten« wurde nach Köln verlegt. Eine ihrer zentralen Forderungen lautete: »Ganz Deutschland wird zu einer einigen, unteilbaren Republik erklärt«. Seit dem 1. Juni 1848 erschien die »Neue Rheinische Zeitung. Organ der Demokratie«, die mit einer Auflage von zuletzt 6 000 Exemplaren stark die öffentliche Meinung in Deutschland beeinflusste. Beachtenswert war das Wirken von Mathilde Franziska Anneke, die nicht allein einen Dis-

»Hoch, hoch die Freiheit«, *Aquarell von Wilhelm Kleinebroich von 1848 über Straßenkämpfe in Köln.*

kussionszirkel Kölner Oppositioneller, das »Montagskränzchen«, organisierte, sondern auch nach der Verhaftung ihres Mannes Fritz im Alleinbetrieb die »Neue Kölnische Zeitung für Bürger, Bauern und Soldaten« herausbrachte.

Spätestens im Herbst 1848 hatte die Revolution ihren Höhepunkt überschritten. Am 3. Juli wurden Gottschalk und Anneke verhaftet. Die am 25. September 1848 von den Revolutionären als Gegenwehr errichteten Barrikaden ließ das Militär mit Hilfe städtischer Arbeiter abräumen, ohne auf Widerstand zu stoßen. Am darauffolgenden Tag musste die Bürgerwehr ihre Waffen abliefern. Am 9. November 1848 wurde der Kölner Robert Blum in Wien standrechtlich erschossen, obwohl er Abgeordneter der Nationalversammlung war. Am 5. Dezember 1848 versetzte der preußische König der Revolution den entscheidenden Schlag: Er löste die Nationalversammlung auf und verordnete, »oktroyierte«, eine Verfassung. In Deutschland brachen noch vereinzelte Aufstände aus, aber in der Festungsstadt Köln blieb es angesichts der Überlegenheit des Militärs ruhig. Am 16. Mai 1849 wurde Marx als »geduldeter Fremder« aus der Stadt ausgewiesen. Am 19. Mai 1849 erschien die letzte – berühmt gewordene – Nummer der »Neuen Rheinischen Zeitung« im roten Druck. Die Revolution war niedergeschlagen worden, doch völlig gescheitert war sie nicht: Selbst in Preußen gab es jetzt eine Verfassung, auch wenn sie von oben erlassen war, und eine Volksvertretung, auch wenn sie wegen des Dreiklassenwahlrechts nicht demokratisch gewählt wurde. Es begannen die düsteren Jahre der Reaktion. Kritische Zeitungen wurden verboten, missliebige Personen ausgewiesen, Vereine polizeilich bespitzelt und aufgelöst. Der »Kölner Kommunistenprozess« von 1852 erregte national wie international großes Aufsehen.

FRÜHE INDUSTRIALISIERUNG

Der Otto-Motor,
die wichtigste in Köln gemachte Erfindung. Abgebildet das Vorläufermodell, der »atmosphärische Motor«.

Die Industrialisierung setzte in Köln erst sehr allmählich in den 1830er-Jahren ein und nahm nach 1850 eine stürmische Entwicklung. Die »Industrielle Revolution« mit ihren bahnbrechenden Erfindungen wie der Dampfmaschine, der Spinn-Maschine und dem mechanischen Webstuhl veränderte in kurzer Zeit grundlegend sämtliche Lebensbereiche von Wirtschaft, Gesellschaft, Kultur und Politik. Köln bot als führender Bankenplatz im Rheinland und Westfalen gute Voraussetzungen zur Industrialisierung.

Kölns günstige Verkehrslage war schon seit dem Mittelalter das entscheidende Rückgrat seiner wirtschaftlichen Entwicklung und hat auch die Industrialisierung entscheidend gefördert. Der Rhein blieb noch lange das wichtigste Transportmittel. Das neue Verkehrssystem Eisenbahn verstärkte die Rolle der Stadt als Verkehrsknotenpunkt. Die Eisenbahn wurde zum Motor der industriellen Entwicklung. Das Bahnstreckennetz konnte ausgebaut werden. 1859 wurde eine für den Eisenbahnverkehr bestimmte feste Gitterbrücke über den Rhein gebaut, die wegen ihres Aussehens den Spitznamen »Mausefalle (Muusfall)« erhielt. Sie war die erste feste Rheinbrücke Kölns seit der Konstantinischen Brücke. Im gleichen Jahr wurde der Bau des Hauptbahnhofs am Dom fertig gestellt. Durch die in Köln ansässigen Eisenbahngesellschaften entstand ein bedeutender Industriezweig. Die Waggonfabrik van der Zypen & Charlier in Deutz expandierte,

und die 1856 gegründete Kölnische Maschinenbau-AG in Bayenthal spezialisierte sich
auf Eisenbahnbrückenbau und stellte darüber hinaus Dampfmaschinen, Dampfkessel
und Maschinenteile her. 1860 wurde in Nippes das Zentralausbesserungswerk der
Rheinischen Eisenbahngesellschaft eröffnet. Die Metall verarbeitende Industrie entwickelte sich vor allem seit den 1850er-Jahren. Sie siedelte sich vornehmlich in den Vororten an. Die Weltgeltung der Stadt im Motorenbau begründete die Kölner Erfindung
des »Otto-Motors« von Nicolaus August Otto, der 1867 auf der Pariser Weltausstel-
lung dafür die Goldmedaille verliehen bekam. Otto und Eugen Langen hatten in der
Servasgasse 1864 die erste Motorenfabrik der Welt gegründet. 1869 konnten dort
bereits 360 Motoren hergestellt werden. Felten & Guilleaume entwickelte sich bei der
Kabelherstellung zum Monopolisten auf dem europäischen Kontinent. Die 1856
gegründete »Maschinenfabrik für den Bergbau von Sievers & Co.« produzierte Walz-
mühlen, Steinbrecher und Zerkleinerungsanlagen. Die Maschinenbauanstalt Humboldt AG in Kalk nahm 1856 mit zehn Arbeitern ihre Tätigkeit auf. In der chemischen
Industrie Kölns stach die Chemische Fabrik Kalk hervor, die seit 1858 Kalisalpeter her-
stellte. Die Firma Helios war zukunftsweisend bei der Produktion elektrotechnischer
Ausrüstungen; auch die 1862 gegründete Gummiwarenfabrik Franz Clouth produzierte Kabel und wichtige Materialien für die Maschinenbauindustrie, die Schifffahrt
und für das Verkehrswesen. Die Kölnisch-Wasser-Hersteller blieben im Wesentlichen

....

Die Seilerei Felten & Guilleaume
am Kartäuserwall,
Aquarell von 1866.

kleine Familienunternehmen mit handwerklichem Charakter. Die von Gustav Mevissen 1853 in Form einer Aktiengesellschaft gegründete Kölnische Baumwollspinnerei und -weberei war eine der ersten an industriellen Produktionsmethoden ausgerichteten Fabrikanlagen und beschäftigte bereits 1861 1 600 Menschen. In den 1850er-Jahren verdrängte die Rübenzuckerfabrikation fast vollständig die bis dahin übliche Verarbeitung von Rohzucker. Außerdem entstand eine Reihe von mittleren Betrieben im Bereich der Farbenherstellung.

GESELLSCHAFTLICHE UND SOZIALE ENTWICKLUNGEN

Die konfessionelle Zusammensetzung änderte sich allmählich. Nach wie vor war Köln eine eindeutig katholische Stadt – wenn auch mit abnehmender Tendenz: 1816 waren noch 95,8 Prozent katholisch, 1871 hingegen 84 Prozent. Im gleichen Zeitraum stieg der Anteil der Protestanten von 3,9 auf 13,5 Prozent, der der Juden von 0,3 auf 2,5 Prozent. Das Verhältnis zwischen katholischer Kirche und Staat hatte sich nach den »Kölner Wirren« entspannt. Es entstanden zahlreiche katholische Vereine insbesondere im Erziehungs- und Bildungswesen und im sozialen Bereich. Köln wurde zu einer Hochburg des sozialen Katholizismus in Deutschland.

Die 1859 fertig gestellte erste Eisenbahnbrücke über den Rhein, die »Muusfall«.

Adolf Kolping

Am bedeutendsten war der 1849 von Adolf Kolping gegründete Kölner Gesellenverein. Kolping hatte als Schustergeselle das soziale Elend der Handwerksgesellen am eigenen Leibe kennengelernt und sich entschlossen, Priester zu werden. Die Idee des Gesellenvereins breitete sich rasch aus. 1865, im Todesjahr Kolpings, waren bereits rund 25 000 Mitglieder in den über 400 Vereinen organisiert, auch außerhalb Deutschlands. Köln blieb Sitz des Zentralvorstands.

Sehr bedeutsam für den politischen Katholizismus wirkte sich die Gründung einer katholischen Tageszeitung aus. Aus den von Joseph Bachem seit 1860 herausgegebenen katholisch-konservativen »Kölner Blättern« entstand 1869 die »Kölnische Volkszeitung«.

Die Evangelische Gemeinde wuchs in der preußischen Zeit stark. Zahlreiche preußische Spitzenbeamte waren protestantisch, und protestantische Unternehmer übten einen großen Einfluss auf die Kölner Wirtschaft aus. Es kursierte der Spruch: »Sind Sie katholisch oder vermögend?« 1826 hatten sich Reformierte und Lutheraner vereinigt, wozu der Grundstock bereits seit der gemeinsamen Nutzung der Antoniterkirche ab 1805 gelegt worden war, zusätzlich stand nach 1819 das als evangelische Garnisonskirche genutzte St. Pantaleon zur Verfügung. Vor allem im schulischen und sozialen Bereich wurde eine große Anzahl von Gemeindeorganisationen gegründet. Erst 1861 trat die Trinitatiskirche im Filzengraben als zweite evangelische Gemeindekirche hinzu. Es handelt sich um den ersten Neubau einer evangelischen Kirche in Köln, um Kölns protestantischen Dom?

Auch die jüdische Gemeinde, die 1801 in Köln mit 17 Familien gegründet worden war, entwickelte sich rasch: 1850 waren bereits 5 746 Juden in Köln ansässig, 15 Jahre später über 10 000. Erst die oktroyierte Verfassung von 1848 garantierte die völlige Gleichberechtigung der Juden mit den Christen; bis dahin galten starke Beschränkungen durch 18 verschiedene sogenannte Judenverordnungen. In der Praxis stand die Zulassung zu Staatsämtern in Heer, Verwaltung und Justiz lediglich auf dem Papier. 1869 wurde für den Norddeutschen Bund und 1871 für das Deutsche Reich die vollständige rechtliche Emanzipation erreicht. Jüdische Geschäftsleute nahmen schon zuvor eine bedeutende Rolle in der Kölner Wirtschaft ein. An erster Stelle ist dabei Salomon Oppenheim Jr. zu nennen. Er wurde 1822 einstimmig zum Mitglied der Handelskammer gewählt und war damit der erste Jude, der in Köln ein öffentliches Amt bekleidete. 1861 wurde die neue, im maurischen Stil erbaute Synagoge in der

Innenraum der Synagoge Glocken-gasse, *Lithographie nach einem Aquarell von C.E. Conrad von 1861.*

Glockengasse eingeweiht – entworfen von Dombaumeister Ernst Zwirner und gestiftet von Abraham Oppenheim.

Aus der Entwicklung des Kölner Kulturlebens jener Jahre ragt das Musikleben hervor, das maßgeblich von Ferdinand Hiller geprägt wurde, der von 1850 bis 1885 städtischer Kapellmeister war. 1861 wurde auf dem Gelände des ehemaligen Minoritenklosters ein Museum für die Kunstsamm-lung Wallrafs eröffnet, das der Häutegroßhändler Johann Heinrich Richartz gestiftet hat. Weniger erfolgreich war das Theater in der Komödienstraße. Beliebt beim Publi-kum waren Lustspiele und simple Possen. Seit 1850 bot das Kaffeehaus Stollwerck in der Schildergasse ein Vaudeville-Theater (frz. Singspiel), bei dem während der Unter-haltungsmusik kostenlos Getränke serviert wurden. Großen Anklang fanden auch die Puppenspiele von Christoph Winters, der das Hänneschen-Theater begründete, oder von Franz Millowitsch, aber auch Karnevalslieder. Als Jakob (Jacques) Offenbach 1849 in seiner Heimatstadt zum ersten Mal eine Oper aufführen ließ, stieß er auf vollstän-diges Desinteresse, kehrte Köln bald den Rücken und ging nach Paris.

Politisch kam nach Jahren des Stillstands Ende der 1850er-Jahre einiges in Bewegung. Die Hoffnungen der Liberalen auf eine »Neue Ära« bei Übernahme der Regierungsverantwortung durch Prinz Wilhelm 1858 wurden bald enttäuscht. Mehr noch: In dem Verfassungskonflikt zwischen der Krone und der liberalen Mehrheit des Abgeordnetenhauses um die Heeresreform war ein schwerwiegender Konfliktstoff für mehrere Jahre entstanden. Gegen die Regierungspolitik organisierten vor allem in Köln Oppositionelle um die linksliberale Fortschrittspartei einen »passiven Widerstand«. Ins Zentrum des politischen Geschehens rückte seit Ende der 1850er-Jahre die Nationalbewegung, die durch das Beispiel der italienischen Einheit wiederauflebte. Der »Bruderkrieg« von 1866 zwischen Preußen und der katholischen Großmacht Österreich stieß in Köln jedoch auf fast einhellige Ablehnung. Der Sieg Preußens allerdings löste bereits große Begeisterung aus. Faktisch wurde dadurch auch der Verfassungskonflikt entschieden: Die eindeutige Vormachtstellung Preußens im Einigungsprozess verfehlte seine Wirkung auf das liberale Lager nicht. Große Teile der Liberalen schlossen ihren Frieden mit dem Staat. Der Ausbruch des Krieges gegen Frankreich 1870 und die Reichseinigung von 1871 waren auch in Köln mit großem Jubel aufgenommen worden. Jetzt verschwanden die letzten Napoleon-Bilder aus den guten Stuben Kölns.

Empfang der Truppen *nach dem »Bruderkrieg« zwischen Preußen und Österreich, auf dem Neumarkt war eigens ein Triumphbogen errichtet worden, September 1866.*

AUFBRUCH ZUR MODERNEN GROSSSTADT

KAMPF GEGEN DIE »REICHSFEINDE«: KULTURKAMPF UND SOZIALISTENGESETZ

Verhaftung des Erzbischofs Paulus Melchers *am 31. März 1874.*

Der politische Katholizismus formierte sich seit Dezember 1870 in einer eigenen Partei, dem Zentrum, das sich in erster Linie als eine konfessionelle Partei verstand, die schichten- und klassenübergreifend ausgerichtet war. Kölner spielten reichsweit eine führende Rolle in der neuen Partei, und Köln wurde ein Zentralpunkt des Zentrums und zur Hauptstadt des sozialen Katholizismus. Wichtige katholische Vereine und Verbände, die nun ins Leben gerufen wurden, hatten hier ihren Sitz.

Der Konflikt zwischen protestantisch-preußischem Staat und der katholischen Kirche brach erneut aus – und noch heftiger als 1837 beim »Kölner Ereignis«. Es begannen die Jahre des Kulturkampfes. Bismarck sah im Zentrum eine ernsthafte Gefahr, eine Partei von »Reichsfeinden«, die großdeutsch und katholisch geprägt von vornherein im Gegensatz zum evangelischen Kaiserreich stehe und national nicht zuverlässig sei, da sie »ultramontan« (das heißt streng päpstlich) gesinnt sei. Der Staat versuchte seit 1871, in den verschiedensten Bereichen den Einfluss der katholischen Kirche zu beschneiden und das Zentrum zu bekämpfen. Zahlreiche Bischöfe und Priester wurden verurteilt, weil sie sich nicht an die neuen Bestimmungen hielten. Weil er sich geweigert hatte, Geldstrafen, zu denen

Hohenzollernring, *mit Blick in die Limburger Straße, 1902.*

Fest anlässlich der Vollendung des Doms
am 16. Oktober 1880 in Anwesenheit von Kaiser Wilhelm.

er verurteilt worden war, zu bezahlen, wurde der Kölner Erzbischof Paulus Melchers am 31. März 1874 verhaftet und für 28 Wochen im Klingelpütz gefangen gehalten. Ende 1875 entzog er sich einer erneuten Verhaftung durch Flucht nach Holland, von wo aus er das Erzbistum noch zehn Jahre leitete. So fand im Jahr 1880 das Fest zur Dombauvollendung – wie schon die Grundsteinlegung zum Weiterbau des Doms 1842 – ohne den Erzbischof statt. Doch Bismarcks Kampf gegen die katholische Kirche scheiterte am Ende.

Genauso erfolglos verlief Bismarcks Kampf gegen einen weiteren »Reichsfeind«: Gegen die größer werdende Arbeiterbewegung verhängte er 1878 das »Gesetz gegen die gemeingefährlichen Bestrebungen der Sozialdemokratie«, das den Sozialdemokraten lediglich noch Wahlkampf und Parlamentsarbeit gestattete. In Köln gestaltete sich der Aufstieg der Arbeiterbewegung besonders mühselig; die glanzvollen 1840er-Jahre waren längst verflogen. Auch die Kölner Gewerkschaften hatten von Anfang an einen schweren Stand. Die Metallarbeiter-Gewerkschaft zählte damals in Köln und in den Vororten zusammen 655 Mitglieder. Doch 1890 lief das Gesetz aus. Die Sozialdemokratie konnte die Zahl ihrer Stimmen von 1878 bis 1890 bei den Reichstagswahlen reichsweit und in Köln deutlich steigern.

POLITISCHE KRÄFTEVERHÄLTNISSE

Die politischen Kräfteverhältnisse in Köln waren im Kaiserreich lange zweigeteilt: Während das Zentrum fast durchgängig die Abgeordneten zum Reichstag (von 1871 bis 1912) und zum Preußischen Landtag (von 1871 bis nach 1918) stellte, konnten die Liberalen nur dank des Dreiklassenwahlrechts lange ihre Mehrheit im Stadtrat behaupten und damit den Oberbürgermeister bestimmen. Erst 1908 gelang es dem Zentrum, die Mehrheit im Stadtrat zu erobern und auch hier eine dominierende Stellung aufzubauen, die sich auf seine Einbettung in das katholische Milieu der Stadt gründete. Ein Netz von beruflich aufgefächerten Vereinen, Kolpingfamilie, Arbeitervereine, der »Volksverein für das katholische Deutschland«, die Konsumgenossenschaft »Eintracht« oder die christlichen Gewerkschaften bildeten die Basisorganisationen für das Zentrum. Entscheidend war, dass das ganze Organisationsgefüge auf das Engste mit der katholischen Kirche verflochten war: Bis 1918 bildeten die Pfarreien die einzige Organisationseinheit des Zentrums. Pfarrer oder Kaplan waren oft zugleich auch die geistlichen Oberhäupter im Arbeiterverein und im Volksverein. Die konfessionelle Ausrichtung trat zunehmend zurück, mit der Folge, dass verstärkt Flügelkämpfe entstanden.

»Volkshaus« in der Severinsstraße 199.
Haus der SPD und der Gewerkschaften seit 1906, Aufnahme um 1910.

Verbunden werden auch die Schwachen mächtig

Die Sozialdemokratie blieb politisch ausgegrenzt und war aufgrund des Dreiklassenwahlrechts in den politischen Gremien der Stadt bis 1917 nicht vertreten. Lange Zeit ohne Selbstbewusstsein und ohne erkennbares Profil einen undramatischen Mittelkurs steuernd, gelang in den späteren 1890er-Jahren dennoch der Ausbau der Parteiorganisation: Seit 1892 erschien als Parteiblatt die »Rheinische Zeitung«, die Mitgliederzahlen stiegen stark, zahlreiche Arbeitersport- und Arbeiterkulturvereine entstanden, die Konsumgenossenschaft »Hoffnung« wuchs kräftig ebenso wie die Freien Gewerkschaften, deren Mitgliederzahl im letzten Jahrzehnt vor 1914 von 1 000 auf 31 000 Mitglieder sprunghaft anstieg. 1912 errang die SPD ihren größten Triumph: Sie gewann mit Adolf Hofrichter zum ersten Mal das Kölner Reichstagsmandat. Der »Zentrumsturm« Köln schien genommen.

Köln bot während des Kaiserreichs auch den nationalen Verbänden einen fruchtbaren Boden. Auch in Köln unterstützten große Teile der wirtschaftlichen und politischen Elite den imperialistischen Kurs des Deutschen Reiches und besonders den Erwerb von Kolonien.

HOCHINDUSTRIALISIERUNG UND SOZIALE GEGENSÄTZE

Köln entwickelte sich im letzten Drittel des 19. Jahrhunderts zu einem bedeutenden Industriestandort. Durch den Bau des Rheinauhafens 1898 und die Erweiterung der Hafenanlagen wurde die Bedeutung des Rheins als Transportweg gestärkt. Der Ausbau des Streckennetzes der Eisenbahn ging voran. 1894 war ein neuer Hauptbahnhof anstelle des erst 1859 erbauten errichtet worden. Seit 1888 kam zur Eisenbahnbrücke die Mülheimer Schiffsbrücke hinzu. Die Verbindung zwischen der Stadt und ihren Vororten übernahmen seit 1877 zunächst Pferdebahnen und ab 1901 elektrische Straßenbahnen. Die hochindustrielle Phase war in Köln vor allem durch den rasanten Ausbau der bereits ortsansässigen Firmen, weniger durch die Ansiedlung neuer Industrien geprägt. Aber innerhalb der Kölner Wirtschaft verschoben sich deutlich die Gewichte: Die Metall- und Chemieindustrie verdrängte die Textilindustrie und Zuckersiederei von ihrem Spitzenplatz. Zu den führenden Firmen der Metallindustrie zählten: die Maschinenbauanstalt Humboldt AG in Kalk (5 000 Beschäftigte vor 1914), die Wagen- und Waggonbaufirma van der Zypen & Charlier (3 500 Beschäftigte), die Gasmotorenfabrik Deutz (3 500 Beschäftigte), die Kölnische Maschinenbau-Aktiengesellschaft in Bayenthal (1 700 Beschäftigte) und P. Herbrand & Cie. in Ehrenfeld. Die Gummiwarenfabrik von Franz Clouth in Nippes stellte wichtige Materialien für die Maschinenbauindustrie, die Schifffahrt und für das Verkehrswesen her. Allesamt waren es Firmen mit überregionaler Bedeutung, die in die ganze Welt exportierten. Zudem gab es eine Fülle von mittleren und kleineren Metall verarbeitenden Betrieben: Nach der Jahrhundertwende bestanden rund 100 Firmen, die mehr als 50 Personen beschäftigten. Produziert wurden Dampfmaschinen, Lokomotiven, Motoren, Kraftfahrzeuge, Eisenkonstruktionen, Automaten, Kabel und vieles mehr. Eine wachsende Bedeutung erlangte die Farben- und Chemieindustrie, auch wenn bis zum Ersten Weltkrieg nur in wenigen Betrieben der Durchbruch zur großindustriellen Produktion gelang. Die Chemische Fabrik Kalk begann 1859 mit zehn Arbeitern und beschäftigte 1908 bereits etwa 1 200 Arbeiter. Firmen wie W. A. Hospelt in Ehrenfeld, Lingens & Söhne in Mülheim und W. Leyendecker & Cie. in Köln jeweils mehrere Hundert.

Die Elektroindustrie und die Kabelproduktion wuchsen in den Jahren vor 1914 stark. Felten & Guilleaume verlagerte 1874 sein Werk von der Südstadt nach Mülheim und wurde mit mehr als 6 000 Beschäftigten zum größten Arbeitgeber im Kölner Raum vor dem Ersten Weltkrieg.

Die Industrialisierung verdrängte aber keineswegs das Handwerk, das immerhin noch ungefähr ein Viertel der Beschäftigten stellte. Auch der Dienstleistungsbereich gewann stark an Bedeutung: Der Handel, das Bankwesen und die Versicherungen machten Köln zur Handelsmetropole. Die Zahl der öffentlichen Bediensteten bei der Eisenbahn, der Post und in den übrigen Verwaltungen war recht hoch. Aber selbst in der an Bedeutung zurückgegangenen Textilindustrie arbeiteten vor dem Ersten Weltkrieg noch über 20 Prozent der Beschäftigten. Die Bedeutung des Nahrungs- und Genussmittelgewerbes sank beständig, aber hier spielten eine Reihe von Schokoladenfabriken, Brauereien und Mühlen eine wichtige Rolle. Die Süßwarenfabrik Stollwerck produzierte seit 1872 im Severinsviertel und expandierte zum größten Arbeitgeber in der Südstadt.

Die Industrialisierung verschärfte die soziale Frage. Das alltägliche Leben der Arbeiter gestaltete sich äußerst karg: ein zehn- bis zwölfstündiger Arbeitstag bei einer Sechstagewoche, lange Fußmärsche zur und von der Arbeitsstätte, ohne Arbeitsschutz und Tarifverträge, nur knapp über dem Existenzminimum liegende Löhne,

Chemische Fabrik Kalk, *Aquarell von Jakob Scheiner 1885.*

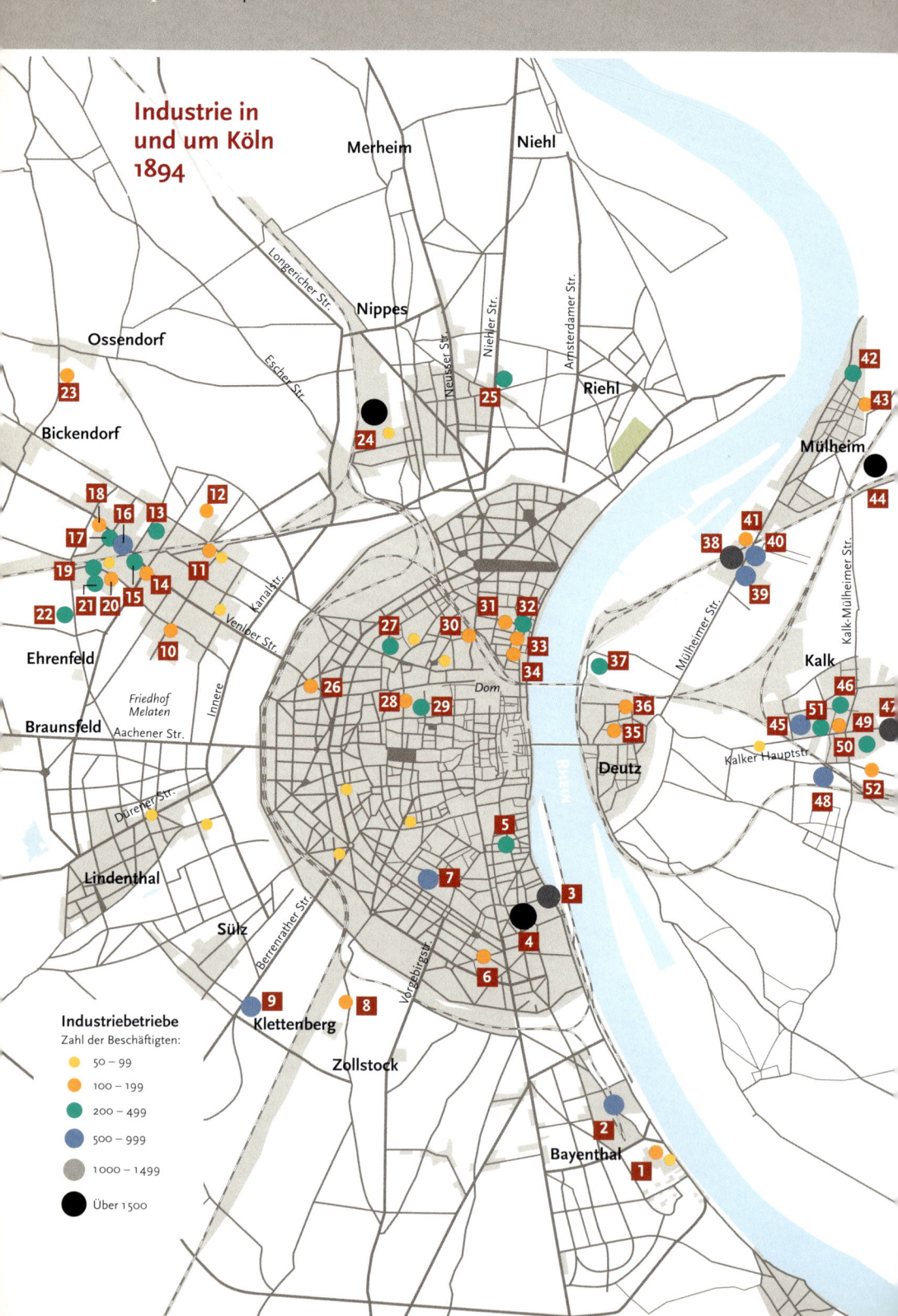

Industrie in und um Köln 1894

Industriebetriebe
Zahl der Beschäftigten:

- 50 – 99
- 100 – 199
- 200 – 499
- 500 – 999
- 1000 – 1499
- Über 1500

Köln war durch eine **gemischte Wirtschaftsstruktur** gekennzeichnet. Neben der Industrie waren Handel und Gewerbe noch stark vertreten. Köln entwickelte sich zu einem wichtigen Industriestandort, nicht aber zu einer reinen Industriestadt.

Industrie in und um Köln 1894
Betriebe über 50 Beschäftigte

1 *Rheinische Brauerei Aktien Gesellschaft*
2 *Kölnische Maschinenbau-AG*
3 *Kölnische Baumwoll Spinnerei*
4 *Stollwerck*
5 *Zuckerfabrik vom Rath & Bredt*
6 *Sägewerk Dülken*
7 *Felten & Guilleaume*
8 *Tapetenfabrik Flammersheim Steinmann*
9 *Wollspinnerei Holländer*
10 *Maschinenfabrik Louis Jäger*
11 *Goldleistenfabrik Carl Könemann*
12 *Blechstanz- und Emaillierwerk*
13 *Rheinische Glashütten AG*
14 *J.W. Weiler*
15 *Helios AG für elektrisches Licht*
16 *Waggonfabrik AG vorm. P. Herbrand*
17 *Röhrenfabrik Müllers*
18 *Bleiweißfabrik Leyendecker & Cie*
19 *Eisenwalzwerk Bürgers, Lambotte, Wahlen*
20 *Celluloid-, Gummi- und Stoffwäschefabrik Ernst Töll*
21 *Hornfischbeinfabrik J. Wahlen*
22 *Gasfabrik Stadt Köln*
23 *Rübenzuckerfabrik E. Pfeifer*
24 *Königl. Eisenbahn-Hauptwerkstätte*
25 *Gummifabrik Franz Clouth*
26 *Fabrik für kirchl. Gegenstände Schlüter*
27 *Korsettfabrik Rosenberg & Hertz*
28 *Korsettfabrik Löwenstern u. Leffmann*
29 *Druckerei M. Neven DuMont Schauberg*
30 *Aktienverein für Zuckerfabrikation*
31 *Druckerei J.P. Bachem*
32 *Zuckerraffinerie J.J. Langen Söhne*
33 *Möbelfabrik H. Pallenberg*
34 *Schuhfabrik Schnitter u. Hennes*
35 *Kölnische Verlagsanstalt und Druckerei*
36 *Königl. Eisenbahn-Hauptwerkstätte Deutz*
37 *Königl. Eisenbahn-Hauptwerkstätte Deutzerfeld*
38 *Maschinenfabrik van der Zypen & Charlier*
39 *Eisen- und Stahlwerk Gebr. van der Zypen*
40 *Gasmotorenfabrik Otto & Lange*
41 *Chemiefabrik Lingens & Söhne*
42 *Samt- und Seidenproduktion Andreae*
43 *Maschinenfabrik Eulenberg*
44 *Felten & Guilleaume (Carlswerk)*
45 *Chemische Fabrik Kalk*
46 *Kalker Werkzeugmaschinenfabrik*

zumeist unzumutbare Wohnverhältnisse für Großfamilien, kein ausreichender Schutz vor Krankheit und Alter. Erst seit den 1890er-Jahren verbesserten sich die Einkommen und sanken die Arbeitszeiten. Häufig mussten Frauen und Kinder mitarbeiten, um den Lebensunterhalt der Familie zu sichern. Frauen erhielten aber für die gleiche Arbeit etwa 40 Prozent niedrigere Löhne. Kinderarbeit war selbst um die Jahrhundertwende nicht ungewöhnlich.

STADTERWEITERUNGEN UND EINGEMEINDUNGEN

Die Einwohnerzahl Kölns verzehnfachte sich innerhalb eines Jahrhunderts. Lebten 1815 rund 52 000 Menschen in Köln, so waren es 1910 – nach den Eingemeindungen – bereits mehr als eine halbe Million. Immer mehr Menschen mussten innerhalb der mittelalterlichen Stadtmauern eingeengt untergebracht werden. Die Orte und Städte vor der Stadt blühten in der gleichen Zeit auf. Das Problem der Stadterweiterung wurde zu einer Lebensfrage für Köln. Seit den 1860er-Jahren waren die Festungsanlagen militärisch überholt, da inzwischen Geschütze mit größerer Reichweite entwickelt

Abbruch der alten Stadt-mauer *am Thürmchens-wall am 10. April 1889, Aquarell von Jakob Scheiner von 1891.*

worden waren. 1881 führten jahrelange Verhandlungen mit dem preußischen Kriegs-ministerium endlich zum Erfolg. Köln erwarb für 11,794 Millionen Mark die Festungs-anlagen, und der vor den Mauern liegende Rayon wurde ins Stadtgebiet einbezogen. Zum ersten Mal seit dem Jahr 1179 vergrößerte sich damit das Stadtgebiet und zwar gleich um mehr als das Doppelte. Die Fläche dieser »Neustadt« war mit 448 Hektar größer als die Altstadt mit knapp 400 Hektar. Der größte Teil des Rayons wurde zur Bebauung freigegeben, nur der äußere Rand blieb militärisches Gelände. Dem Schlei-fen der 700 Jahre alten Stadtmauern kam große symbolische Bedeutung zu: War die Stadt bis dahin von einer Ummauerung definiert, so wurde jetzt nicht die Geschlos-senheit, sondern die Offenheit zum Prinzip, die revolutionäre Hinwendung zur »offe-nen Bürgerstadt«.

Nach Plänen des Stadtbaumeisters Josef Stübben und des Aachener Architek-turprofessors Karl Henrici wurde die Neustadt gestaltet. Die Stadterweiterung um die Neustadt legte sich halbkreisförmig um die Altstadt. Sie umfasste das Gebiet zwischen den inneren und den äußeren Wallstraßen. Ihr Kernstück bildete die Ring-straße. Als Vorbild dienten die Pariser Boulevards und die Ringstraßen von Wien und Antwerpen. Innerhalb weniger Jahre entstanden die Ringe mit breiten Boulevards und zwei oder drei Baumreihen, ihren sternförmigen Plätzen sowie Garten- und Brunnen-anlagen, Denkmälern, Fahr- und Reitwegen sowie Bürgersteigen, umgeben von einer

Kette repräsentativer Wohnhäuser und öffentlicher Gebäude. Von Anfang an bildeten sich in der Neustadt Viertel für die unterschiedlichen sozialen Schichten heraus. Aus der Neustadt sollte kein einheitlicher Stadtteil entstehen, sondern eine Abfolge verschiedener Wohnviertel mit einem eigenständigen Charakter – »hochherrschaftliche« und »gutbürgerliche« Wohngebiete und regelrechte Arbeiterviertel.

1888 folgte der zweite Schritt der Stadterweiterung: die Eingemeindung der Vororte. Köln war wirtschaftlich eng mit den Vororten verflochten. Hier hatten sich zunehmend Fabriken und Industriebetriebe angesiedelt, und das Bevölkerungswachstum war deutlich größer als in der Stadt. Insgesamt wurden im Jahr 1888 26 neue Stadtteile eingegliedert. Dadurch vergrößerte sich Köln um das Zehnfache auf über 11 000 Hektar und wurde zur flächenmäßig größten Stadt des Deutschen Reiches. Die Einwohnerzahl wuchs auf 260 000. Und: Köln dehnte sich mit der Eingemeindung von Deutz und Poll auf das rechte Rheinufer aus. Als 1910 auch Kalk und Vingst hinzukamen, war Köln nach Einwohnern die zweitgrößte Stadt Preußens. 1914 wurde schließlich noch Mülheim eingemeindet.

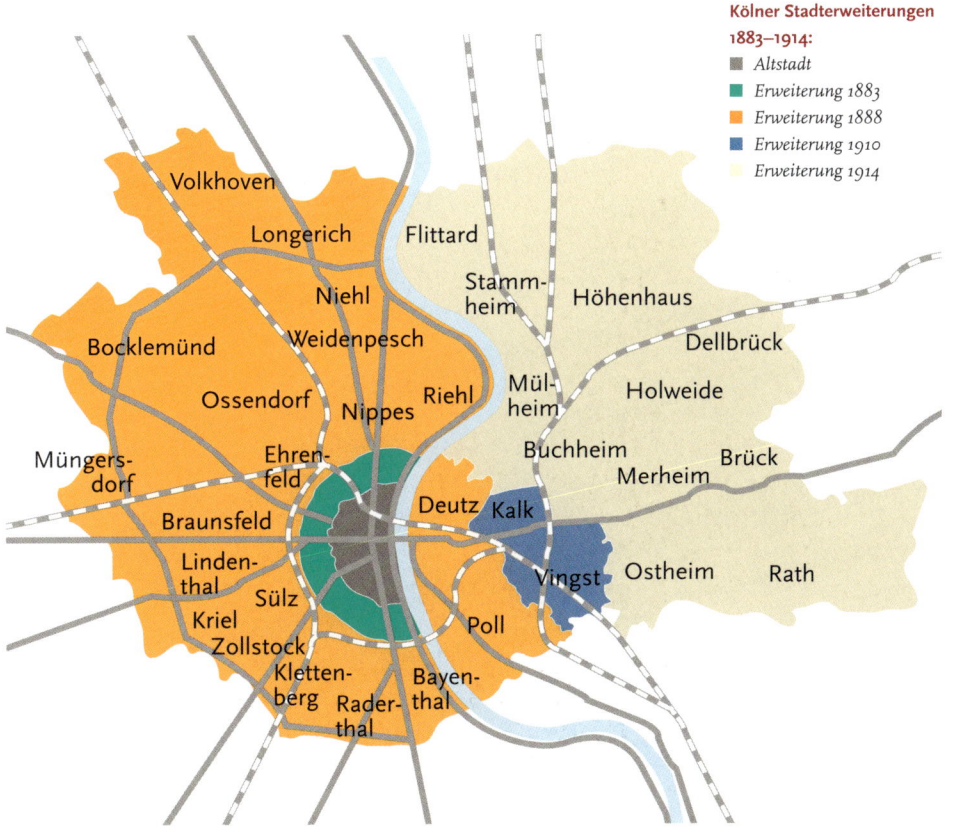

Kölner Stadterweiterungen 1883–1914:
- Altstadt
- *Erweiterung 1883*
- *Erweiterung 1888*
- *Erweiterung 1910*
- *Erweiterung 1914*

KOMMUNALE DASEINSVORSORGE UND GESELLSCHAFTLICHE ENTWICKLUNGEN

Durch die Industrialisierung wuchsen der Stadt neue Aufgaben zu. Sie entwickelte sich zu einem Gemeinwesen modernen Gepräges, bei dem die aktive Daseinsvorsorge für die Bürger der Stadt im Mittelpunkt stand.

Kommunalisierung von Aufgaben

1872 wurde das Wasserwerk an der Alteburg vollendet, 1873 das Gaswerk und 1890 die Müllabfuhr in städtische Regie übernommen, 1890 wurde das Elektrizitätswerk am Zugweg errichtet und die Schwemmkanalisation ausgebaut, 1895 der Schlachthof neu gebaut und 1886 sowie 1904 wurden neue Markthallen errichtet (zunächst in der Severinstraße, dann in der Altstadt), 1900 die Pferdebahn angekauft, Kläranlage und Hauptfeuerwache errichtet. 1894 ging die Gesundheitspolitik von der Polizei in städtische Regie über und mit der »Arbeitsnachweis-Anstalt für Arbeitssuchende« wurde eine sozialpolitische Pioniertat vollzogen.

Die Straßenbahnlinie Nr. 16 *fuhr am Rheinufer entlang von der Flora bis zum Zoo bzw. zum Ubierring, 1905.*

Auch im gesellschaftlichen Gefüge änderte sich einiges. Die Katholiken stellten um die Jahrhundertwende weiterhin die große Mehrheit der Bevölkerung. Doch nahm ihr Anteil allmählich ab: von 84,1 Prozent 1871 auf 79,8 Prozent 1914. Langsam ging auch die religiöse Bindung zurück. Bis 1910 stieg der Anteil der Protestanten in Köln auf 18,6 Prozent (von 13,4 Prozent 1871). Es waren im Linksrheinischen neben der Gemeinde Alt-Köln vier Tochtergemeinden sowie ein Netz von eigenen Schulen und Vereinen entstanden. Ein innerkirchlicher Streit in der evangelischen Kirche Kölns erregte in ganz Deutschland großes Aufsehen: Pfarrer Carl Jatho wurde nach seiner sehr beachteten Kritik an der Kirchenleitung 1911 seines Amtes enthoben.

Der prozentuale Anteil der Kölner Juden an der Bevölkerung blieb zwar zwischen 1871 und 1910 mit 2,4 Prozent gleich, doch vervierfachte sich ihre Anzahl von rund 3 000 auf rund 12 000. Bereits in den 1860er-Jahren beginnend, bildeten sich in der jüdischen Gemeinde unterschiedliche Richtungen heraus: Neben der religiös-liberal orientierten, weitgehend »assimilierten« Gruppe wuchs die religiös-orthodoxe Gruppe, die nach 1900 durch die Zuwanderung von Juden aus Osteuropa, den »Ost-

Frauenbewegung

Um die Jahrhundertwende entstand eine neue politisch-gesellschaftliche Kraft: 1895 begann die organisierte Frauenbewegung in Köln. Das Referat der bekannten Frauenrechtlerin Helene Otto im Gürzenich Ende November 1894
veranlassten Mathilde von Mevissen und zwei Freundinnen, am 28. Dezember 1894 den »Kölner Frauenfortbildungs-
verein« zu gründen. In den folgenden Jahren entstand eine Reihe von weiteren Frauenvereinen unterschiedlicher
politischer und sozialer Ausrichtung.

Barbarossaplatz und Salierring, *um 1900.*

Juden«, erstarkte. 1884 wurde für die
orthodoxen Mitglieder eine eigene
Synagoge in der St.-Apern-Straße eingeweiht. 1899 entstand mit der Synagoge Roonstraße als dritte große
Kölner Synagoge das religiöse Zentrum für das liberale Judentum. Die
wachsenden Spannungen führten 1911
zur Abspaltung der orthodoxen
Gemeinde Adass-Jeschurun von der
Hauptgemeinde. Von Köln gingen
wichtige Impulse für die Entwicklung
des Zionismus aus. Dies war vornehmlich das Verdienst des Anwalts Max Isidor
Bodenheimer und des Kaufmanns David Wolffsohn. Sie gründeten 1894 eine »Natio-
nal-jüdische Vereinigung« (später »Zionistische Vereinigung«) in Köln, deren
Präsident Bodenheimer wurde. Das Programm dieser Vereinigung ist unter der
Bezeichnung »Kölner Thesen« in die Geschichte des Zionismus eingegangen. Mit
kleineren Änderungen wurden sie als »Baseler Programm« auf dem ersten zionistischen Kongress in Basel 1897 angenommen. Nach dem Tod Theodor Herzls 1904
übernahm Wolffsohn die Präsidentschaft der Zionistischen Weltorganisation. Damit
wurde Köln bis zu seinem Rücktritt 1911 zum Mittelpunkt des internationalen Zionismus. Jedoch wurde die zionistische Bewegung nur von einer kleinen Minderheit der
Juden unterstützt, auch in Köln.

In dem halben Jahrhundert vor dem Ausbruch des Ersten Weltkriegs hatte Köln
eine glanzvolle Entwicklung zur führenden und modernen Großstadt des Westens
genommen. Das Leben seiner Bürgerinnen und Bürger hatte sich so stark verändert
wie zu keiner anderen Zeit zuvor.

KÖLN IM ERSTEN WELTKRIEG UND IN DER WEIMARER REPUBLIK

ERSTER WELTKRIEG UND NOVEMBERREVOLUTION

Kölner Eisenbahnschaffnerinnen, *zur Zeit des Ersten Weltkrieges.*

Bei Ausbruch des Ersten Weltkrieges am 4. August 1914 herrschte auch in Köln wie in ganz Deutschland in weitesten Teilen der Bevölkerung großer Jubel. Enthusiastisch meldeten sich viele Männer als Kriegsfreiwillige. Doch kurze Zeit nach Kriegsausbruch begannen die Verwundetentransporte. Bereits im Herbst 1914 befanden sich bis zu 9000 Verwundete in Kölner Lazaretten. Köln wurde als frontnahe Großstadt zu einer Drehscheibe für die militärische Versorgung der Westfront. Industriebetriebe wurden auf Rüstungsproduktion umgestellt. Frauen ersetzten zunehmend die eingezogenen Männer. Die ersten Straßenbahnschaffnerinnen, die im März 1915 ihren Dienst aufnahmen, sorgten noch für Aufsehen. Aber bald gehörten Frauen, denen vor dem Krieg noch viele Berufe verwehrt wurden, auch in bisherigen »Männerberufen« zum Alltag. Für die Lebensmittelversorgung der Bevölkerung während des Krieges war Konrad Adenauer als Erster Beigeordneter zuständig. Schon in den ersten Tagen vor und nach dem Kriegsausbruch begann man, Vorräte an Getreide und Mehl, Fleisch und Wurst und vielem mehr anzulegen. Doch im Verlauf des Krieges verschlechterte sich die Versorgungslage der Bevölkerung mit Lebensmitteln und Gütern des täglichen Bedarfs zusehends. Es begann ein Kampf ums tägliche Überleben. Katastrophale Ausmaße nahm die Versorgung der Bevölkerung im »Steckrübenwinter« zwischen Anfang und Frühsommer 1917 an.

Das Hansa-Hochhaus, *1925/30.*

Am 31. Januar 1918 folgten 10 000 Kölner Arbeiter einem Aufruf von USPD (einer Abspaltung der SPD) und des Spartakus-Bundes (Vorläufer der KPD) zum Streik. Die militärische Niederlage zwang schließlich die Reichsleitung zur Kapitulation. Am Ende des Krieges waren 15 000 Kölner auf den Schlachtfeldern gefallen.

An die Kölner Bürgerschaft!

Die Arbeiter und Soldaten Cölns haben einen Arbeiter- und Soldatenrat gebildet. Er hat die Aufgabe, die Revolution, die auch unsere Stadt erfaßt hat, in geordneten Bahnen zum Siege des Volkes durchzuführen zu helfen. Die Ziele der Bewegung sind:

1. Sofortiger Friedensschluß,
2. Vereidigung des Heeres auf die Verfassung,
3. Freilassung aller politischen Gefangenen,
4. Abschaffung aller Monarchien,
5. Errichtung der sozialen Republik,
6. Sofortiges Aufhören der Einberufungen,
7. Annullierung der Kriegsanleihen unter Schonung der kleinen Zeichner,
8. Aufhebung des militärischen Grusses,
9. Bildung von Arbeiter- und Soldatenräten.

Arbeiter, Soldaten, Bürger Cölns, helft uns die Ordnung aufrecht zu erhalten! Keine Angriffe auf das Leben und die Ehre! Keine Plünderungen! Wer sich gegen die öffentliche Ordnung vergeht, wird von unseren Streifwachen sofort festgenommen. Man wende sich bei allen Ordnungsstörungen sofort an den Arbeiter- und Soldatenrat im Rathaus. Wir ersuchen alle Behörden, ihre Tätigkeit unter unserer Kontrolle ruhig fortzusetzen. Das geschäftliche Leben der Stadt soll seinen geregelten Verlauf haben.

Vorwärts für Freiheit und Ordnung!

Es lebe die sozialistische Republik!

Der Arbeiter- und Soldatenrat.

Plakat *mit den am 8. November 1918 beschlossenen Forderungen der Revolution.*

Am 7. November 1918 brach in Köln als erster Stadt Deutschlands die Novemberrevolution aus – wie bei der Revolution von 1848 früher als anderorts! Es war jedoch eine der seltsamsten Revolutionen, die die Welt je gesehen hat. Ein großer Trupp von Matrosen war an diesem Tag in Köln eingetroffen, um die hier im zentralen Stammgefängnis für Marinegefangene einsitzenden Matrosen der Wilhelmshavener Flottenmeuterei von 1917 zu befreien. Ihre Anführer Max Reichpietsch und Albin Köbis waren 1917 in Köln erschossen worden. Am anderen Tag wurde auf einer Kundgebung auf dem Neumarkt vom Kölner SPD-Vorsitzenden Wilhelm Sollmann die sozialistische Republik ausgerufen. Es wurde ein Arbeiter- und Soldatenrat gebildet, der paritätisch mit Vertretern der SPD und der USPD besetzt war. Adenauer, der noch einen Tag zuvor versucht hatte, den Umsturz militärisch zu unterdrücken, stellte sich auf den Boden der Tatsachen und überließ dem Arbeiter- und Soldatenrat im Rathaus einige Räume, nebst Schreibmaschinen und Telefon. Als am 9. November die Nachricht von der Abdankung des Kaisers, der Ausrufung der Republik und der Ernennung Eberts zum Reichskanzler in Köln eintraf, kündigte Sollmann die baldige Selbstauflösung des Rates an – einen Tag nach seiner Gründung! Am 10. November beschloss der »Arbeiter- und Soldatenrat« die Bildung eines Wohlfahrtsausschusses, dem nun unter dem Vorsitz von Oberbürgermeister Adenauer Vertreter bürgerlicher Parteien gleichgewichtig mit Sozialdemokraten angehörten. Damit gab der »Arbeiter- und Soldatenrat« bereits drei Tage nach seiner Gründung alle wesentlichen Befugnisse wieder freiwillig aus der Hand, um sie den alten Gewalten zurückzugeben. Die letzte Sitzung des Arbeiter- und Soldatenrates fand am 18. Dezember statt; aufgelöst wurde er von den britischen Besatzern.

Parade der britischen Besatzer
vor dem Hotel Excelsior, um 1925.

POLITISCHE ENTWICKLUNG UND FRÜHE KRISEN

Das Waffenstillstandsabkommen brachte für Köln einschneidende Veränderungen: Das linksrheinische Gebiet wurde von alliierten Truppen besetzt. Am 6. Dezember 1918 marschierten über die Aachener Straße – wie die Franzosen 1794 – die ersten britischen Truppen in Köln ein. Fünf Jahre Besatzungszeit sollten folgen. Bereits bis Ende 1919 waren 55 000 britische Soldaten stationiert, ein Jahr später war es noch die Hälfte und 1925, ein Jahr vor dem Abzug, zählte die Besatzung noch über 9 000 Soldaten.

Die Novemberrevolution bewirkte in der Kommunalpolitik zwei wesentliche Veränderungen: Zum ersten Mal, seitdem es den 700 Jahre alten Rat der Stadt Köln gab, konnten nun Frauen wählen und gewählt werden. Zudem wurde das Dreiklassenwahlrecht, das nach wie vor in Preußen für die Kommunal- und Landtagswahlen gegolten hatte, abgeschafft. Die dominierende politische Kraft in Köln während der Weimarer Republik wurde das Zentrum. Der große Erfolg der SPD von 1912, als sie zum ersten Mal dem Zentrum den Reichstagswahlkreis abringen konnte, blieb Episode. Dies lag vor allem an der Spaltung der Arbeiterbewegung. Der SPD war mit der KPD ein zunehmend wichtiger Gegner entstanden, der sie 1932 sogar überflügelte.

Konrad Adenauer als Oberbürgermeister

Die Geschicke der Kommunalpolitik bestimmte in erster Linie Konrad Adenauer als Oberbürgermeister, im Wesentlichen gestützt auf das Zentrum als stärkste Fraktion in der Stadtverordnetenversammlung: ein nicht immer ganz einfaches und spannungsfreies Verhältnis unter Parteifreunden. Da das Zentrum nicht über die absolute Mehrheit verfügte, nahm Adenauer zeitweilig die Sozialdemokraten als Juniorpartner mit ins Boot oder schreckte notfalls auch nicht davor zurück, die Stimmen der Kommunisten einzuwerben, wie beim Bau der Mülheimer Brücke. Adenauer verfügte als Präsident des Preußischen Staatsrats und als führendes Mitglied des Zentrums auch über Köln hinaus rasch über großen politischen Einfluss. Mehrfach war er als Reichskanzler im Gespräch. *Bild: Konrad Adenauer als Oberbürgermeister, Gemälde (Öl auf Leinwand) von Johannes Grefrath, 1933.*

Die ersten Jahre der jungen und von vielen ungeliebten Republik waren von Krisen bestimmt: 1920 gelang es nur durch einen entschlossenen Generalstreik, den Kapp-Lüttwitz-Putsch abzuwenden. In Köln wurde damals mit 200 000 Teilnehmern eine der größten Demonstrationen in der Geschichte der Stadt durchgeführt. Anlässlich der Ermordung von Reichsaußenminister Walter Rathenau demonstrierten sogar rund 250 000 Menschen, gut ein Drittel der Bevölkerung, auf dem Neumarkt für die Republik. 1923 wurde zum ersten bedeutenden Krisenjahr der Republik: Der Ruhrbesetzung durch französische und belgische Truppen folgte eine extreme Wirtschaftskrise. Die Geldentwertung hatte bis dahin unvorstellbare Ausmaße angenommen und die »kleinen Leute«, den Mittelstand, die Lohn- und Gehaltsempfänger und die Rentner ruiniert. Während der Krise von 1923 lebte auch die separatistische Rheinlandbewegung wieder auf, die die Rheinprovinz als selbstständigen Staat außerhalb des Verbandes des Deutschen Reiches gründen wollte. Davon zu unterscheiden sind die unmittelbar nach Kriegsende entstandenen starken Bestrebungen, eine selbstständige »Westdeutsche Republik« als Bundesstaat im

Notgeld, *August, September, Oktober 1923.*

Rahmen des Deutschen Reiches bei gleichzeitiger Zerschlagung des übermächtigen Preußens zu schaffen. Diese Idee hatten zeitweilig große Teile des Zentrums und auch Adenauer unterstützt.

ZUKUNFTSVISIONEN: GROSSPROJEKTE TROTZ KRISE

Trotz der großen Not und der akuten Bedrohung der Demokratie in den ersten Nachkriegsjahren wurden gerade damals zahlreiche große, kühne Projekte verwirklicht, die für die Zukunft der Stadt entscheidend werden sollten. So wurde 1919 die Universität wieder gegründet – vom späteren ersten Rektor, Christian Eckert, und Adenauer energisch betrieben. Schon bald erwarb sich die Universität, die neben Frankfurt die einzige deutsche Stadtuniversität war, einen guten Ruf. Bahnbrechend für die gesamte Stadtentwicklung wirkte sich die durch den Versailler Vertrag erzwungene Schleifung der Kölner Festung aus. Im August 1920 wurde mit der Sprengung der Festungsanlagen begonnen. Damit fiel die letzte Verteidigungsanlage, die die Ausbreitung der Stadt behindert hatte. Der Wegfall der Festungsanlagen bot die Chance für den Ausbau Kölns zur modernen Großstadt. Dieser Aufgabe widmete

Plakat zur Pressa, *1928*.

sich Fritz Schumacher, einer der bedeutendsten deutschen Stadtplaner, den Adenauer für drei Jahre nach Köln holen konnte. Bereits 1923 legte Schumacher sein städtebauliches Gesamtkonzept unter dem Titel »Köln. Entwicklungsfragen einer Groszstadt« vor. Die Schrift trug ganz wesentlich auch die Handschrift Adenauers. Darin wurden zahlreiche Vorschläge für die Planung und Bebauung verschiedener Stadtbereiche und für den ehemaligen Festungsrayon, den Inneren Grüngürtel, entwickelt. Auf dem früheren Festungsrayon entstand der Grüngürtel, Kölns »grüne Lunge«. Allerdings wurden von diesem umfassenden Gesamtkonzept lediglich der Aachener Weiher und der Stichkanal verwirklicht. Im ehemaligen Rayongebiet wurden Grün- und Erholungsflächen und mit dem 1923 eröffneten Müngersdorfer Stadion eine große Sportstätte geschaffen.

Gemälde von Heinrich Hoerle, *1932. Dargestellt sind (von links nach rechts): Willi Ostermann, Konrad Adenauer, die Diseuse Trude Alex (Frau von Heinrich Hoerle), der Boxer Hein Domgörgen und der Maler selbst.*

Mit großem Pomp und Pathos feierte man in Köln das Ende der Besatzung am 31. Januar 1926. Jetzt konnten wichtige staatliche Einrichtungen ins Rheinland verlegt werden. Köln wurde Sitz des neu geschaffenen Landesarbeitsamts und des Landesarbeitsgerichts. Das Ende der Besatzung bot zudem neue Entwicklungschancen für die Stadt. So konnte jetzt der bisherige britische Militärflugplatz Butzweiler Hof zum zivilen Flugplatz mit erheblichen städtischen Mitteln ausgebaut werden. Wichtig für die Stadtplanung der kommenden Jahre war die Eingemeindung von Worringen 1922 und die Weiterentwicklung des Wirtschaftsstandorts Kölns durch die Schaffung eines neuen Industriegeländes in Niehl einschließlich eines neuen Handelshafens sowie der Bau des 1924 eingeweihten Messegeländes in Deutz, das Köln zu einem der führenden Messeplätze Deutschlands machte. Die Internationale Presseausstellung (Pressa) 1928 galt als Höhepunkt der damaligen Zeit. Zu einem Symbol des aufstrebenden Köln wurde auch das Hochhaus am Hansaring, damals das höchste profane Gebäude Deutschlands. Wichtige Erfolge für die Zukunft Kölns waren 1926 die Verlegung

der Westdeutschen Rundfunk AG (Werag) von Münster nach Köln und im Oktober 1929 die Ansiedlung der Ford-Werke in Niehl. Köln entwickelte sich in den 1920er-Jahren auch zu einem Zentrum der Kunst. Der Dadaismus hatte hier kurzfristig (mit Max Ernst und Johannes Theodor Baargeld) einen Schwerpunkt.

WIRTSCHAFTLICHE UND POLITISCHE DESTABILISIERUNG

Köln hatte in den 1920er-Jahren durch die großen zukunftsweisenden Projekte eine imponierende Entwicklung zur Metropole des Rheinlandes zurückgelegt. Doch selbst in den viel gepriesenen »Goldenen Zwanzigern« war die wirtschaftliche und soziale Lage der Stadt bedrückend. Die Wohnungsnot zwang viele Kölner in zum Teil menschenunwürdigen Unterkünften zu hausen, etwa in den Blechhütten und Bretterbuden der Schrebergärten. Der Kampf gegen die Wohnungsnot stellte daher eine kommunalpolitisch vordringliche Aufgabe dar, wobei die Stadt sehr früh auf den sozialen Wohnungsbau setzte. Sie beteiligte sich maßgeblich an der 1913 gegründeten Gemeinnützigen Aktiengesellschaft für Wohnungsbau (GAG).

Die Weltwirtschaftskrise, die mit dem New Yorker Börsenkrach am 24. Oktober 1929, dem »Schwarzen Freitag«, begann, bedeutete auch in Köln wie in Gesamt-Deutschland einen tiefen Einschnitt.

Die Ford-Werke, *um 1931.*

Hohe Erwerbslosigkeit Schon zuvor war die Zahl der Erwerbslosen hoch (21 000 bzw. 12 Prozent 1925; 50.000 bzw. 23 Prozent 1928). Doch jetzt stieg sie nach spektakulären Zusammenbrüchen von Banken und Unternehmen – allein in Köln gab es 5.000 Konkurse – rapide an: 70.000 im Oktober 1930 und rund 110 000 im Juli 1932. Knapp ein Drittel der Bevölkerung lebte im März 1933 vom Arbeitslosengeld oder von der »Stütze«.

Reichsweit kletterte die Erwerbslosigkeit im Winter 1931/32 auf den Höchststand von 6,128 Millionen. Die langen Schlangen vor dem Arbeitsamt (bzw. Wohlfahrtshaus) in der Badstraße prägten sich bei vielen Kölnern tief ein. *Bild: Arbeitslose im Arbeitsamt (Wohlfahrtsamt), um 1930.*

Die stark zurückgehenden Steuereinnahmen und die gleichzeitig emporschnellenden Ausgaben für das Wohlfahrtswesen sowie die vielen teuren Großprojekte wirkten sich auch auf die städtische Haushaltslage verheerend aus: Die Stadt war pleite, seit Herbst 1932 zahlungsunfähig. Städtische Bauarbeiten wurden stillgelegt, darunter auch der Universitätsneubau, und kommunale Aufgaben wurden reduziert, was wiederum die Erwerbslosigkeit erhöhte.

Die sozialpsychologischen und politischen Auswirkungen der Krise waren gravierend. Sie untergrub das Vertrauen eines Großteils der Bevölkerung in die Demokratie, denn viele hatten schon bei der Krise von 1923 ihr Vermögen verloren und waren nun innerhalb weniger Jahre zum zweiten Mal betroffen. Eine politische Radikalisierung ungeahnten Ausmaßes war die Folge: Nationalsozialisten und Kommunisten waren die politischen Gewinner der Krise. Bereits vor 1933 war es den Nationalsozialisten gelungen, auch in Köln eine umfassende Organisation aufzubauen. Bei den Reichstagswahlen im September 1930 verzeichnete die NSDAP einen Erdrutschsieg. Auch in Köln war die politische Krise deutlich spürbar: Das Klima der politischen Auseinandersetzung verschärfte sich zu Beginn der 1930er-Jahre. Straßenkampf und politische Gewalt waren an der Tagesordnung. Beim Wahlkampf zu den Reichstagswahlen im Juli 1932 waren bei über 60 schweren Zusammenstößen wie durch ein Wunder nur drei Todesopfer zu beklagen. Nicht zuletzt Fehleinschätzungen der anderen politischen Parteien haben Aufstieg und schließlich Machtübernahme der Nationalsozialisten begünstigt. Die konservativ-nationalen Kreise hassten ebenfalls die Weimarer Republik und wollten spätestens seit 1932 Teile der NSDAP mit einem »Zähmungskonzept« für sich als Juniorpartner vereinnahmen. Der erbitterte Streit zwischen SPD und KPD machte ein tatkräftiges einheitliches Vorgehen gegen die

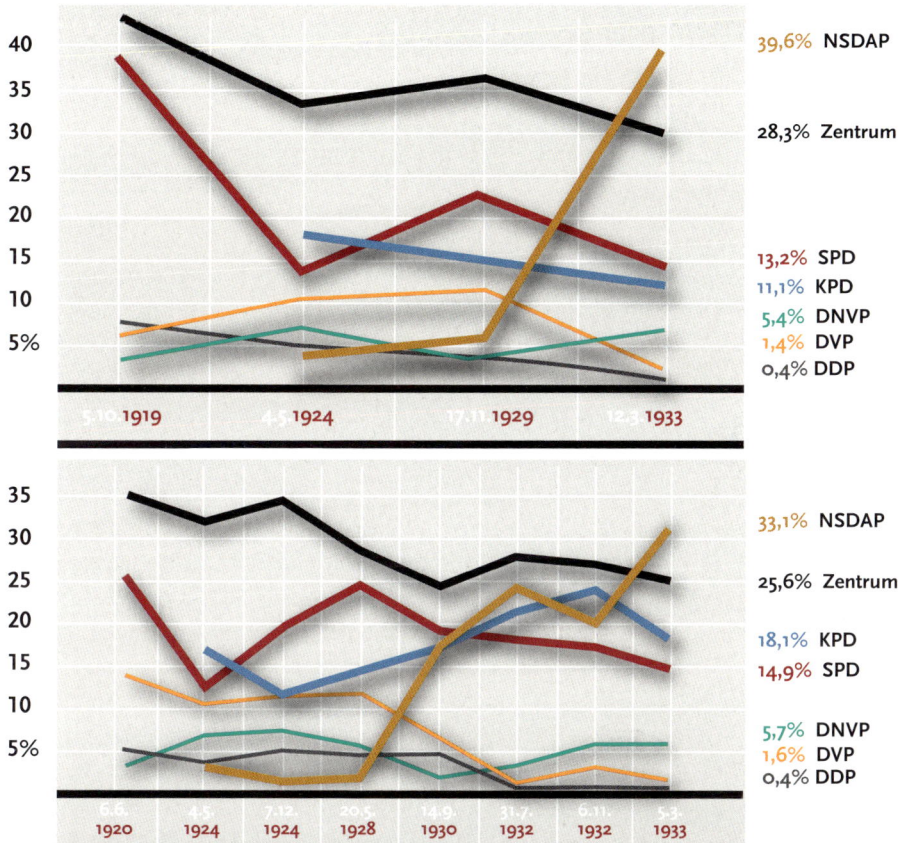

Stadtverordnetenwahlen *in Köln 1919–1933*
Reichstagswahlen *in Köln 1920–1933*

Nationalsozialisten nicht möglich: Die KPD sah in den Sozialdemokraten als »Sozial-
faschisten« den Hauptfeind und glaubte, dass der faschistische Staat bereits 1930
ausgebrochen sei und die Regierung Hitlers demnach nur dessen Verschärfung dar-
stelle. Die SPD zahlte mit gleicher Münze heim: »Kozi gleich Nazi«. Einen Höhepunkt
erreichte die Krise im Juli 1932, als die Reichsregierung Papen mittels eines Staats-
streichs die preußische Regierung Braun absetzte. Dieser »Preußenschlag« hatte
auch in Köln durch die Absetzung des Polizeipräsidenten eine folgenreiche Auswir-
kung. Die Weichen für die Machtübernahme der Nationalsozialisten ein halbes Jahr
später waren gestellt.

KÖLN IM NATIONALSOZIALISMUS

RASCHE MACHTÜBERNAHME UND GLEICHSCHALTUNG

Die Machtübernahme vollzog sich in Köln so reibungslos wie in den frühen Hochburgen der NSDAP. Unmittelbar nach dem 30. Januar 1933 setzte der brutale Terror der

Nationalsozialisten gegen ihre Gegner mit einer grundlegend neuen Qualität ein: Die Schlägertrupps der SA und SS wurden nun von staatlichen Stellen, insbesondere von der Polizei unterstützt. Politische Gegner wurden in Haft- und Folterstätten der SA und SS interniert, Versammlungen und Presseorgane verboten. Kommunisten wurden zu Freiwild nach dem Reichstagsbrand vom 27. Februar 1933, der auch die Gelegenheit bot, die Grundrechte der Weimarer Verfassung außer Kraft zu setzen. Am 13. März 1933, einen Tag nach den Kommunalwahlen, besetzten die Nationalsozialisten das Rathaus und übernahmen offiziell die Macht in der Stadt. Zügig verlief in Köln der Prozess der »Gleichschaltung«. Innerhalb weniger Wochen und Monate wurden Parteien und Gewerkschaften, Presse und Rundfunk, Verbände und Vereine nach nationalsozialistischen Prinzipien ausgerichtet. Das Ende der KPD war bereits

Aufmarsch der Nationalsozialisten *vor dem Rathaus am 13. März 1933.*

Ende Februar besiegelt, SPD sowie die Vereine der Arbeiterbewegung wurden im Mai 1933 reichsweit verboten, die anderen Parteien lösten sich selbst auf. Am 2. Mai, einen Tag nach den aufwendig gestalteten Maifeiern, wurden die Gewerkschaften gleichgeschaltet. Die Kölner Universität schaltete sich am 11. April 1933 noch vor der Gleichschaltung der Universitäten auf Reichsebene selbst gleich. Rasch passte sich

Hitlerbesuch in Köln
*am 28. März 1936, am
Hohenzollernring.*

auch die katholische Kirche an die neuen Verhältnisse an. Nachdem Hitler am 23. März 1933 in einer Regierungserklärung den beiden christlichen Kirchen die Unantastbarkeit ihrer Rechte zugesagt hatte, rückte die katholische Kirche von ihrer bisherigen kritischen Haltung ab. Das im Juli 1933 geschlossene Konkordat zwischen dem Deutschen Reich und dem Vatikan sicherte der Kirche unter anderem den Erhalt ihrer Institutionen und Verbände zu. Innerhalb der evangelischen Kirche hatten die »Deutschen Christen« die Nationalsozialisten bereits vor 1933 unterstützt, dagegen opponierte die »Bekennende Kirche«. Neu besetzt wurden die Führungspositionen in nahezu allen Bereichen der kommunalen und staatlichen Verwaltung, in Kultur, Wissenschaft sowie den großen Verbänden. Doch gleichgeschaltet wurden auch die kleinsten Vereine, selbst der sprichwörtliche Kaninchenzüchterverein. Das »Gesetz zur Wiederherstellung des Berufsbeamtentums« vom 7. April 1933, das sich bald auch auf Angestellte und Arbeiter erstreckte, ermöglichte Entlassungen; betroffen waren vor allem Juden, Kommunisten und einige Sozialdemokraten.

NETZ VON PARTEIORGANISATIONEN UND KONTROLLE

Die NSDAP maß Köln als »Metropole des Westens« besondere Bedeutung zu. Hier befand sich von Anfang der Sitz der Gauleitung, der die Regierungsbezirke Köln und Aachen umfasste. Seit 1934 nutzte sie das große Gebäude der alten Universität in der Claudiusstraße. Neben der Gauleitung mit ihren zahlreichen Ämtern gab es bis zu 125 Ortsgruppen (Stand 1942), die wiederum in Zellen und Blocks unterteilt waren. Demnach waren Zehntausende Kölnerinnen und Kölner aktive NSDAP-Mitglieder. Bereits 1935 zählte der Gau Köln-Aachen über 90 000 »PGs« (Parteigenossen).

Parteiorganisationen

Ein Netz von Gliederungen und Nebenorganisationen sollte alle Bevölkerungsgruppen erfassen, sei es nach Geschlecht, Alter, Beruf oder anderen Kriterien. Um nur einige der wichtigsten Organisationen zu nennen: SA und SS, Hitler-Jugend und NS-Frauenschaft, berufsständische Gliederungen und Deutsche Arbeitsfront (DAF), NS-Volkswohlfahrt im sozialen Bereich und »Kraft durch Freude« in Kultur und Freizeit. *Bild: Sammeln für das Winterhilfswerk vor dem Dom, 26. Mai 1934.*

EL-DE-Haus, *Sitz der Kölner Gestapo.*

Die Nationalsozialisten strebten eine möglichst dauernde politische Mobilisierung der Bevölkerung an und verlangten ständig neue Loyalitätsbekundungen zum Regime wie den »Hitler-Gruß« und Spenden. In der Jugend erkannte das NS-Regime die Zukunft des Nationalsozialismus. Weltanschauliche Schulung und paramilitärische Ausbildung sollte aus ihr die »neuen Menschen« formen. In der Schule wurden die Lerninhalte nationalsozialistisch bestimmt. Weltanschauliche Fächer wie Deutsch, Geschichte, Erdkunde, Biologie und Rassenkunde rückten neben dem Schulsport in den Mittelpunkt. Außerhalb der Schule wurden die Kinder und Jugendliche in der Hitler-Jugend (HJ) bzw. im Bund Deutscher Mädel (BDM) erfasst. Streng militärisch organisiert boten die Jugendgruppen eine Mischung aus Fahrten und Wanderungen mit Lagerromantik und einem öden Drill und militärischem Zwang.

Ihre Gegner verfolgte das Regime unerbittlich mit seinem Macht- und Terrorapparat. Gefürchtet war vor allem die Gestapo, die in Köln im Dezember 1935 ihre neue Zentrale im EL-DE-Haus am Appellhofplatz bezog. Ihre Macht gründete sich nicht allein auf willkürliche Verhaftungen mittels der »Schutzhaft« und auf Einweisungen ins Konzentrationslager, sondern auf die bereitwillige Mithilfe aus der Bevölkerung, die über Denunziationen die meisten Ermittlungen überhaupt erst ermöglichte.

Die Zahl der Kölner Gestapobeamten war – wie anderorts – vergleichsweise gering. Auch die Polizei unterstützte das NS-Regime bereitwillig und war Vollstrecker seines Rassenwahns. Sie erhielt weitreichende Ermittlungs- und Sanktionsmittel, die ähnlich ausgestattet waren, wie die der Gestapo. Die Kölner Justiz war ebenfalls intensiv in die NS-Diktatur verstrickt. Es wurden Sondergerichte und ein »Erbgesundheitsgericht«, das über Zwangssterilisationen urteilte, eingesetzt.

VON DER RASSISCHEN AUSGRENZUNG ZUM VÖLKERMORD

Der Rassismus bildete das Kernstück der NS-Ideologie. Die Kölner Nationalsozialisten waren von Beginn an in besonderem Maße antisemitisch eingestellt. Köln entwickelte sich zum Zentrum der rassistischen Verfolgung im Rheinland, an der sich mehrere

Antisemitische Karnevalswagen, *1934 und 1936.*

Institutionen von Partei, Stadt, Justiz und Universität beteiligten. Der Rassenwahn traf zunächst und vor allem die rund 16 000 Kölner Juden. Unmittelbar nach der Machtübernahme hatte mit dem Boykott vom 1. April 1933 gegen »jüdische« Geschäfte und den Berufsentlassungen die systematische Diskriminierung und Ausgrenzung der Juden begonnen. Zunächst erhielten »jüdische« Geschäftsleute keine öffentlichen Aufträge mehr. Bereits im Juli 1933 wurde das renommierte Kaufhaus Tietz »arisiert« und hieß fortan Kaufhof. Mit dem Pogrom vom 9./10. November 1938 verschärfte sich der antijüdische Terror. Die wirtschaftliche Existenzvernichtung der Juden –

Sinti und Roma

Auch die Sinti und Roma, in Köln einige Hundert Familien, wurden als »artfremde und minderwertige« Rasse verfolgt. Die »Nürnberger Gesetze« galten auch für sie. Sinti und Roma wurden aus dem Staatsdienst entlassen oder ihnen wurde durch das Verbot des Hausierens die Existenzgrundlage entzogen. Ab Mai 1935 wurden sie in einem zentralen »Zigeunerlager« an der Venloer Straße 888 in Bickendorf, auf dem Schwarz-Weiß-Platz, zwangs-

weise zusammengefasst und dort rassisch erfasst. Roma und Sinti waren die ersten, die aus Köln deportiert wurden. Im Mai 1940 wurden rund 1 000 Sinti und Roma über die Messe und Bahnhof Deutz-Tief in das besetzte Polen und im Mai 1943 weitere rund 350 in das Vernichtungslager Auschwitz-Birkenau abgeschoben.

euphemistisch »Arisierung« genannt – trat in eine neue Phase: Noch bevor es 1938 dazu gesetzliche Grundlagen gab, waren sie faktisch in Köln bereits umgesetzt. »Arisiert« wurden

Sinti und Roma in der Messe *vor ihrer Deportation, Mai 1940.*

Immobilien und Kunstwerke, aber auch alltägliche Artikel des Hausrats. Seit 1938 erfolgte die vollständige Ausgrenzung und Gettoisierung sowie die Zerstörung der jüdischen Institutionen. Jüdische Schüler mussten die allgemeinen Schulen verlassen. Seit Juni 1941 waren die Juden gezwungen, nur in bestimmten Häusern, den »Judenhäusern«, zu wohnen und später wurde sie im Fort V in Müngersdorf konzentriert. Sie durften nicht Straßenbahn fahren oder ein Radiogerät besitzen und mussten seit September 1941 den »Judenstern« tragen. Von Oktober 1941 bis Oktober 1944 erfolgten schließlich über den Bahnhof Deutz-Tief die Deportationen in die Gettos und Vernichtungslager im Osten. Rund der Hälfte der Juden gelang es, rechtzeitig bis 1939 zu emigrieren. Über 7 100 Kölner Juden wurden ermordet. Darüber hinaus wurden mehrere Tausend Juden aus dem Kölner Umland von Köln aus deportiert.

Zum Rassenwahn der Nationalsozialisten zählt auch die Tatsache, dass in Köln über 4 000 Menschen zwangssterilisiert wurden, unter ihnen Geistesschwache, Epilepsiekranke und sozial auffällige Personen. Nach Ausbruch des Zweiten Weltkrieges begann die systematische Ermordung von Insassen aus Heil- und Pflegeanstalten, die sogenannte »Euthanasie«. Geistig und körperlich Behinderte galten für die Nationalsozialisten als »lebensunwertes Leben«, das vernichtet werden musste. Auch von Köln aus wurden viele über die Zwischenanstalt Galkhausen (Langenfeld) in die Tötungsanstalt Hadamar transportiert. Diskriminierungen und Verfolgungen bis hin zur Internierung in Konzentrationslager erlitten auch Homosexuelle und als »Asoziale« Verfolgte wie Bettler, Obdachlose oder Prostituierte.

OPPOSITION UND WIDERSTAND

Die Herrschaft der Nationalsozialisten in Köln war zu keinem Zeitpunkt ernsthaft durch Widerstand bedroht. Obwohl sich Tausende verweigerten oder aktiven Widerstand leisteten, fanden sie in der großen Mehrheit der Bevölkerung keinen Rückhalt. Es war ein »Widerstand ohne Volk«. Die Widerstandsarbeit der verschiedenen Gruppen glich sich in vielem: Widerstand bedeutete vor allem, auf einfachen Vervielfältigungsapparaten Flugblätter oder Zeitungen herzustellen und Tarnschriften oder illegales Material aus dem Ausland einzuschleusen und unter die Leute zu bringen. Man malte antinazistische Parolen auf Häuserwände und Bürgersteige und sammelte Geld für Inhaftierte oder für die illegale Arbeit. Aus Sicherheitsgründen arbeitete man in kleinen Gruppen von drei bis fünf Personen. Dennoch gelang es der Gestapo bis 1936, bis auf wenige Kleingruppen alle organisierten Widerstandsformen zu zerschlagen. Danach hielten manche den Zusammenhalt untereinander in Form von Gesinnungszirkeln, geselligen Runden oder Wanderungen aufrecht.

Tarnschriften.

Den umfangreichsten Widerstand leistete die KPD, die auf die illegale Arbeit bereits vor 1933 eingestellt war. Von den bislang bekannten 142 Prozessen gegen Kölner Widerstandskämpfer in den Jahren 1934 bis 1938 fanden 113 gegen Mitglieder der KPD statt. Wiederholt kam es zu Massenprozessen. 1935 war es Otto Kropp und seinem Nachfolger Ulrich Osche noch einmal für über ein halbes Jahr gelungen, eine zentrale Organisation in

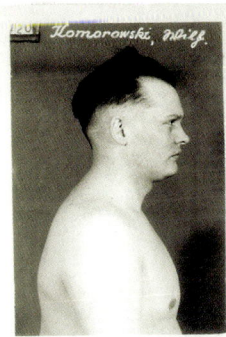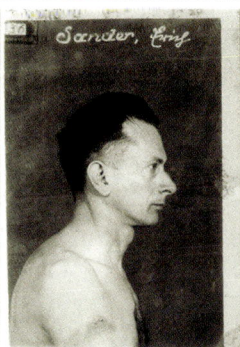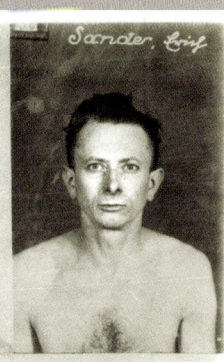

Willi Komorowski *(links)* und **Erich Sander** *(rechts)*, **erkennungsdienstliche Fotos** *aus dem Zuchthaus Siegburg von 1935 bzw. 1937.*

Köln aufzubauen. Im März 1936 wurden sie und 150 weitere Personen verhaftet. Kropp wurde im Mai 1937 hingerichtet. Erheblich geringer war der Widerstand der SPD. Die Kölner Parteispitze hatte sich ins Saarland begeben und wirkte bis 1935 von dort aus. Die mit Abstand bedeutendste Gruppe organisierten Willi Schirrmacher, Franz Bott und Hein Hamacher, die 1934 ein Verteilernetz für illegale Zeitungen und Tarnschriften aufbauten. Als die Gruppe 1935 aufflog, war damit auch der organisierte sozialdemokratische Widerstand zerschlagen. Der Widerstand mehrerer kleinerer linkssozialistischer und oppositioneller kommunistischer Gruppen zeichnete sich durch eine realistischere Analyse des Nationalsozialismus aus. Zu nennen sind hier der »Internationale Sozialistische Kampfbund« (ISK), die »Sozialistische Arbeiterpartei Deutschlands« (SAP), deren treibende Kraft Erich Sander, ein Sohn des Fotografen August Sander, war, die »Kommunistische Partei Deutschlands (Opposition)« (KPO) um Hans Mayer, Ludwig August Jacobsen und Hans Löwendahl, der Anarcho-Syndikalistische Widerstand um das Ehepaar Hans und Margareta Saballa. Bei den Gewerkschaften leisteten lediglich Willi Komorowski und Max Pester von den Eisenbahnern aktiv Widerstand. Um Wilhelm Kayser sammelten sich oppositionelle Nationalsozialisten in der »Schwarzen Front«.

Aus den Reihen der Katholiken leisteten vor allem Mitarbeiter des Kolping-Werks und der Katholischen Arbeiterbewegung – wie Nikolaus Groß, Bernhard Letterhaus und Prälat Otto Müller – und bei den Protestanten die »Bekennende Kirche« um die Pfarrer Georg Fritze und Hans Encke Widerstand. Besonders zahlreich sammelten sich unangepasste und oppositionelle Jugendliche in der Katholischen Jugendbewegung, bei den »Navajos« oder bei den »Edelweißpiraten«. Sie entzogen sich dem Drill

Eine Gruppe von **Edelweißpiraten,** *1942.*

und dem Alltag der HJ, indem sie ihre eigene Welt lebten und zum Teil provokativ ein unangepasstes Verhalten zeigten, was am augenfälligsten in ihrer Kleidung und in ihren Liedern zum Ausdruck kam. Ein Teil der Jugendlichen ging auch zu politischen Aktionen über, indem sie zum Beispiel Wände mit Parolen beschmierten oder Flugblätter verteilten. Das Regime bekämpfte die Jugendgruppen nachdrücklich. Wiederholt kam es zu Razzien und zu Inhaftierungen im EL-DE-Haus und in der »Arbeitsanstalt« Brauweiler, aber auch zu Verurteilungen vor dem Kölner Sondergericht.

KRIEG UND KRIEGSGESELLSCHAFT

Die Nachricht vom Kriegsausbruch am 1. September 1939 löste anders als 1914 keine Begeisterung bei der Bevölkerung aus. Am 13. Mai 1940 erfolgte der erste britische Luftangriff auf Köln, dem bis Ende 1941 bereits 100 weitere Luftangriffe folgten. Seit 1942 erlebten die Kölner die fürchterlichen Schrecken der modernen Kriegsführung. In der Nacht vom 30. auf den 31. Mai 1942 mussten sie den ersten »Tausend-Bomber-Angriff« in der Kriegsgeschichte über sich ergehen lassen: Mehr als 1 000 britische Flugzeuge waren an dem Angriff beteiligt, 486 Menschen kamen ums Leben, über 5 000 wurden zum Teil schwer verletzt, 45 000 Kölner wurden obdachlos. Einer der schwersten Angriffe des Krieges war der »Peter und Paul-Angriff« am 29. Juni 1943, bei dem 4377 Menschen ums Leben kamen, die Innenstadt in ein Trümmerfeld verwandelt wurde und die Zahl der Obdachlosen auf 230000 stieg. Schwere Angriffe erfolgten im Herbst 1944. Der letzte, verheerende Angriff am 2. März 1945, wenige Tage vor dem Einmarsch amerikanischer Truppen, traf besonders die Altstadt und die Neustadt und verwüstete zahlreiche romanische Kirchen. Vor allem die Innenstadt lag in Schutt und Asche.

Schreckensbilanz des Krieges in Köln

262 alliierte Luftangriffe (vom 13. Mai 1940 bis zum 2. März 1945) | **20000** zivile Bombenopfer | **40000** Verletzte | über **100000** Soldaten aus Köln | **17000** an der Front getötete Soldaten aus Köln | **78390** zurückgekehrte Kriegsgefangene (bis 1951) | **16000** Vermisste und Kriegsgefangene (bis 1953) | **40** Prozent zerstörte Gebäude in der Gesamtstadt | **90** Prozent zerstörte Gebäude in der Innenstadt | **91** völlig zerstörte, **52** beschädigte Kirchen (von 150) | **770000** Einwohner 1939 | **10000** Einwohner linksrheinisch (um den 6. März 1945) | **30000** Einwohner rechtsrheinisch (März/April 1945).

Bergung der letzten Habseligkeiten
nach einem Bombenangriff.

Kriegszerstörtes Köln, *Innenstadt.*

Je länger der Krieg dauerte, desto stärker hatte auch die Zivilbevölkerung darunter zu leiden. Lebensmittel wurden rationiert. Die Sorge um die nächsten Angehörigen, Trauer um die Opfer der Angriffe und die gefallenen Soldaten, die Beschaffung von neuem Wohnraum und Habseligkeiten prägten das Leben der Kölner an der »Heimatfront«. Die Stadt entvölkerte sich zunehmend: Lebten bei Kriegsausbruch noch 770 000 Menschen in Köln, so waren es nach den letzten großen Angriffen Anfang März 1945 im Linksrheinischen noch 10 000 und im März/April 1945 im Rechtsrheinischen noch 30 000. Über 100 000 Männer waren als Soldaten an der Front, Familien flohen aufs Land, Tausende Kölner Kinder wurden im Rahmen der »Kinderlandverschickung« in sicherere Gebiete »verschickt«. Frauen und Mädchen mussten anstelle der eingezogenen Männer in der Kriegswirtschaft arbeiten. Seit September 1944 wurden Jungen im Alter zwischen 14 und 17 Jahren zu Schanzarbeiten am Westwall dienstverpflichtet.

Vor allem wurden viele Tausende Zwangsarbeiter und Zwangsarbeiterinnen, Kriegsgefangene und KZ-Häftlinge zur Bewältigung der Folgen der Luftangriffe, beim Bombenentschärfen und der Bergung von Leichen, bei Enttrümmerungsarbeiten und Notbaumaßnahmen eingesetzt. Sie arbeiteten in der Rüstungsindustrie, bei der Reichsbahn und der Stadt Köln, aber auch in der Landwirtschaft oder in kleineren Betrieben. Die ersten Zwangsarbeiter in Köln waren 1 000 polnische Kriegsgefangene, die bereits im Oktober 1939 in die Stadt gebracht wurden. Seit 1942 war die Messe Außenlager des KZ Buchenwald und entwickelte sich zu einem Lagerkomplex. Im Juni 1944 wurde der Höhepunkt des Zwangsarbeitereinsatzes mit rund 30 000 zivilen Zwangsarbeitern und etwa 15 000 bis 20 000 Kriegsgefange-

KZ-Häftlinge *bei der Bergung von Leichen, Juli 1943.*

nen erreicht, die auf über 300 Lager in Köln verteilt waren. Insgesamt dürften bis zu 100 000 ausländische Arbeitskräfte, die meisten von ihnen zwangsweise, in den Jahren 1939 bis 1945 in Köln gearbeitet haben.

Am Ende des Krieges 1944/45, als sich die Niederlage deutlich abzeichnete, herrschten in Köln zum Teil chaotische Zustände. Jetzt wuchs auch das widerständige Verhalten. Eine herausragende Rolle spielte dabei das Ende 1943 entstandene »Nationalkomitee Freies Deutschland«. Während des Krieges und besonders in seiner Endphase verschärfte sich der Terror des Regimes. Im Schatten des Krieges vollzogen sich bereits seit 1940 die Deportationen. Mit wachsender Brutalität ging die Gestapo vor: Nach dem Attentat auf Hitler nahm sie im Rahmen der »Gewitteraktion« im August 1944 zahlreiche ehemalige Spitzenvertreter der früheren Parteien fest, unter ihnen Konrad Adenauer. Seit Ende Oktober 1944 ließ die Gestapo auf dem Hofgelände des EL-DE-Hauses mehrere Hundert Häftlinge hinrichten. Im Oktober und November

Hinrichtung in der Hüttenstraße *am 25. Oktober 1944, vor allem von Kriegsgefangenen und Zwangsarbeitern. Am 10. November 1944 wurden an der gleichen Stelle vor allem elf Mitglieder der »Ehrenfelder Gruppe« hingerichtet, unter ihnen sechs Minderjährige, die zuvor zu einer Gruppe von Edelweißpiraten gehörten.*

1944 vollzog sie zwei öffentliche Hinrichtungen in Ehrenfeld. Als letztes Aufgebot wurde in der Schlussphase des Krieges der »Volkssturm« aus bisher nicht eingezogenen Männern zwischen 16 und 60 Jahren aufgestellt.

Am 6. März 1945 besetzten amerikanische Truppen das linksrheinische Köln und – da kurz zuvor die Hohenzollernbrücke als die letzte intakte Brücke von deutschen Pionieren gesprengt wurde – das rechtsrheinische Köln zwischen dem 12. und 15. April 1945. Köln war von der NS-Herrschaft befreit.

WIEDERAUFBAU UND DEMOKRATIE

Nach Köln Heimkehrende, *1945.*

WIEDERAUFBAU UND
WIRTSCHAFTSWUNDER

Durch die Kriegsverwüstungen war die gesamte Infrastruktur der Stadt zusammengebrochen. Busse und Bahnen verkehrten nicht mehr, sämtliche Brücken waren zerstört, der Rhein konnte von Schiffen nicht mehr befahren werden, drei Viertel der Wohnungen waren vernichtet. Wasser und Strom mussten wieder angeschlossen werden, die Entwässerung gesichert und das Kanalnetz repariert werden, um der Seuchengefahr vorzubeugen. Hunger, Kälte und Wohnungsmangel kennzeichneten den Kampf um das tägliche Überleben. Vor dem provisorischen Rathaus am Ring kam es zu Hungerdemonstrationen. Erst die Währungsreform am 20. Juni 1948 beendete auf einen Schlag den Schwarzmarkt.

Hohe Straße, *um 1960.*

Frauen beim **»Fringsen«.**

Köln glich nach Ende des Krieges in der Innenstadt einer Ruinenlandschaft, aus der auf wunder-
same Art und Weise der scheinbar unversehrte
Dom herausragte. Vor lauter Trümmern und
Schutt waren Straßen unpassierbar, ganze Stra-
ßenzüge nicht mehr erkennbar. 32 Millionen
Kubikmeter Schutt, mehr als in jeder anderen
Großstadt Westdeutschlands einschließlich Ber-
lins, kamen zusammen. Die wichtigste Voraussetzung für den gesamten Wiederaufbau bildete
daher die Enttrümmerung. Wie das zerstörte Köln
wieder aufgebaut werden sollte, bildete in den ersten Nachkriegsjahren die Kernfrage der Kommunalpolitik. Ende 1946 wurde der Architekt Rudolf
Schwarz als Leiter der »Wiederaufbaugesell-
schaft« und als Generalstadtplaner berufen. Sein
städtebauliches Leitbild war die »Doppelstadt«:
eine Südstadt als Kultur- und Handelszentrum
und eine Nordstadt als »Arbeitsstätte« mit Wohnungen für 300 000 bis 350 000 Menschen. Aus
dieser Idee der Nordstadt erwuchs später der Bau
der »Neuen Stadt/Chorweiler«. Die Innenstadt
sollte wieder aufgebaut und zu einer »Hochstadt« bedeutender kultureller Einrichtungen werden. Von der Altstadt wurde lediglich der Teil um das Rathaus und das Mar-
tinsviertel wieder traditionell aufgebaut – dieser Bruchteil der ehemaligen Altstadt
musste die Erinnerung an das »alte Köln« abdecken. Eine zentrale Rolle in der Stadtplanung von Schwarz spielte bereits die Verkehrsfrage. Der Verkehr sollte um den historischen Stadtkern geführt und auf wenigen Straßen zusammengefasst werden und
die innerstädtischen Bezirke abseits vom Verkehr in der Stille liegen.

Die Kölner Wirtschaft verzeichnete in den 1950/60er-Jahren einen rasanten Aufschwung. Sie hatte den Krieg vergleichsweise glimpflich überstanden: Während drei
Viertel der Wohnungen zerstört waren, waren von 204 Industriebetrieben lediglich
14 völlig, fast die Hälfte aller Betriebe zwischen 11 und 40 Prozent und über 20 Prozent der Firmen waren weniger als 10 Prozent zerstört. Dazu zählten auch so bedeutende Werke wie Ford, Glanzstoff-Courtaulds, Stollwerck, Liesegang, Carlswerk,
Radium Gummiwerk. Zudem war ein Teil der Produktionsmittel rechtzeitig ausgela-

Sünden des Wiederaufbaus

Beim Wiederaufbau wurden jedoch häufig Gebäude zerstört, die eigentlich von ihrer Bausubstanz zu retten gewesen wären. Doch die verhassten Bauten des Historismus des ausgehenden 19. und beginnenden 20. Jahrhunderts galten dem damaligen Zeitgeist – bis in die 1970er-Jahre hinein – nicht für erhaltenswert. Besonders deutlich wird dies beim Schicksal der Ringe, die vergleichsweise glimpflich den Krieg überstanden hatten. Hier ging nach dem Krieg mehr Bausubstanz verloren als während des Krieges. Bekannt sind die Fälle des Opernhauses am Rudolfplatz, des Hohenstaufenbades am Hohenstaufenring und des Kunstgewerbemuseums am Hansaring. Es war eine Kulturschande nach 1945. Insgesamt erlebte Köln jedoch nicht einen solch radikalen Kahlschlag wie viele andere Städte. Einiges konnte auch gerettet werden. So entstand das für Köln typische architektonische Wechselbad von historischen Bauten, modernistischen Funktionsgebäuden und bürgerlichen Wohnidyllen. Das Kölner Stadtbild ist durch dieses teilweise unvermittelte Nebeneinander und die Härte des Kontrasts bis heute geprägt.

gert und so vor der Vernichtung geschützt worden. Im April 1945 konnten in 400 Betrieben wieder 15 000 Menschen beschäftigt werden. Bis 1950 waren bereits fast 600 gewerbliche Unternehmen gegründet worden. Der dringend notwendige Wohnungsbau belebte Bauwirtschaft und Handwerk.

Infolge der stürmischen wirtschaftlichen Entwicklung stieg in den 1950er-Jahren die Zahl der Beschäftigten um 60 Prozent (von 277 474 auf 460 627). Um 1960 war die Vollbeschäftigung erreicht. In der Bauwirtschaft und der Metallindustrie entstand sogar ein großer Mangel an Arbeitskräften, weswegen ausländische Arbeitnehmer angeworben wurden. Der bereits vor dem Krieg begonnene Strukturwandel der Kölner Wirtschaft setzte sich fort, der das Gewicht vom sekundären bzw. produzierenden Sektor (Industrie, Handwerk, Energiewirtschaft) zunehmend auf den tertiären Sektor (Dienstleistungen) verlagerte, auch wenn Köln eine bedeutende Industriestadt blieb. Köln profitierte dabei von der Nähe zur Bundeshauptstadt Bonn: Ende der 1950er-Jahre hatten in Köln bereits etwa 50 Behörden und 250 Bundesverbände sowie 60 Wirtschaftsspitzenverbände und eine Reihe von Auslandsvertretungen ihren Sitz genommen. Schon früh kam auch

Der viermillionste Fordwagen
aus Köln, 1968.

den Medien eine große Bedeutung zu: Westdeutscher Rundfunk, Deutsche Welle (von 1956 bis 2002) und Deutschlandfunk (seit 1962) senden bzw. sendeten von Köln aus und legten damit den Grund für die bedeutsame Entwicklung Kölns zur Medienstadt seit den 1980er-Jahren.

KULTURELLE UND POLITISCHE ENTWICKLUNG BIS ZU DEN 1980ER-JAHREN

Der Ruf Kölns als bedeutende deutsche und europäische Kulturstadt wurde unmittelbar in den ersten Nachkriegsjahren begründet. Nach Jahren der Diktatur herrschte ein ungeahnter Hunger nach Kultur. Konzerte des Gürzenichchors und -orchesters waren ebenso überfüllt wie Opern- und Schauspielaufführungen in der Aula der Universität, im Millowitsch-Theater oder in den Kinos. Als erstes Museum wurde das Rautenstrauch-Joest-Museum 1948 wiedereröffnet. Es folgte 1955 der Wiederaufbau des Gürzenichs, 1957 das von Wilhelm Riphahn erbaute Opernhaus, 1962 das von ihm ebenfalls entworfene Schauspielhaus sowie das von Rudolf Schwarz und Josef Bernhard geplante neue Wallraf-Richartz-Museum, 1974 das Römisch-Germanische Museum. Köln konnte sich zu einem der international führenden Kunstmärkte entwickeln. Maßgeblich beteiligt am Aufstieg Kölns zur Kulturmetropole war Kurt Hackenberg, Kulturdezernent von 1955 bis 1979. Schenkungen von Peter und Irene Ludwig veranlassten zunächst den 1986 eröffneten Bau des Doppelmuseums Wallraf-Richartz-Museum/Museum Ludwig

Kino Capitol *am Hohenzollernring, 1950.*

am Dom, mit dem zusammen eine Philharmonie errichtet wurde, und dann seit 2001 den dritten Neubau für das Wallraf-Richartz-Museum, damit im Museum Ludwig eine Picasso-Sammlung aufgenommen werden konnte.

Während des Wiederaufbaus vollzog sich in den 1950er-Jahren ein grundlegender politischer Wandel: Gewann die CDU die ersten Wahlen 1946 mit überwältigendem Vorsprung, so bildete die SPD seit Mitte der 1950er-Jahre für mehrere Jahrzehnte die bestimmende politische Kraft in Köln. Im Mai 1945 war Adenauer von den ameri-

kanischen Besatzern als Oberbürgermeister
eingesetzt, aber vom danach regierenden
britischen Militär Ende Oktober 1945 wieder abgesetzt worden. 1948 führte ein Stim-
menpatt zu einer der berühmten
»kölschen« Lösungen: zur jährlichen Rota-
tion im Amt des Oberbürgermeisters. Bei
der Wahl von 1952 lag die CDU vorn und
stellte mit Ernst Schwering den Oberbürgermeister und zunächst mit Willi Suth
und seit 1953 mit Max Adenauer, einem
Sohn von Bundeskanzler Konrad Adenauer,
auch den Oberstadtdirektor. Der Umbruch
vollzog sich bei der Kommunalwahl 1956,
seitdem war die SPD bis 1999 die stärkste

Oberbürgermeister **Theo Burauen mit Königin Elisabeth II.,** *1965.*

Partei – zum Teil auch mit absoluter Mehrheit – und stellte den Oberbürgermeister.
Nicht zuletzt hatte sie das dem populären Theo Burauen zu verdanken, der von 1956
bis 1973 Oberbürgermeister war. 1964 erfolgte auch ein Wechsel an der Spitze der
Stadtverwaltung: Heinz Mohnen (SPD) folgte auf Max Adenauer. Für politische Bewegung sorgte die '68er-Revolte, die zwar in Köln nicht so bedeutend war wie in anderen
Städten, doch nach den »langen fünfziger Jahren« des Wiederaufbaus und des Wirt-
schaftswunders auch für die Geschichte Kölns einen Einschnitt und eine Wende
bedeutete.

UMBRÜCHE DER HEUTIGEN ZEIT

Köln wurde in den letzten 30 Jahren größer und bevölkerungsreicher. Am 1. Januar
1975 trat die kommunale Gebietsreform in Kraft: Die Städte Porz und Wesseling, die
Gemeinde Rodenkirchen sowie Teile der Gemeinden Bornheim, Brauweiler, Brühl,
Frechen, Hürth und Lövenich wurden nach Köln eingemeindet. Damit wuchs Köln flächenmäßig von etwa 25 000 auf fast 43 000 Hektar, die Einwohnerzahl stieg auf über
eine Million – aber nur für kurze Zeit, denn Wesseling gelang es ein Jahr später, sich
wieder aus den Fängen Kölns zu lösen und eine selbstständige Stadt zu bleiben (ein
Verlust von 2.200 Hektar). Erst 1991 konnte die Million dann wieder übersprungen
werden. Köln belegt damit nach Berlin, Hamburg und München den vierten Rang bei

Türkischer Lebensmittelladen *in der Weidengasse, 2000.*

den einwohnerstärksten Städten. Auch die Zusammensetzung der Bevölkerung änderte sich deutlich: Köln wurde internationaler. Der Anteil der Ausländer wuchs deutlich. In Köln lebten 2007 177 753 Ausländer (davon über 40 Prozent Türken) und 328 811 Einwohner mit »Migrationshintergrund« (das heißt Ausländer, Aussiedler, Eingebürgte, Staatenlose). Insgesamt leben in Köln Menschen aus 180 Nationen. Gleichzeitig wurde Köln auch weniger katholisch: Die nach Köln gezogenen 130 000 Vertriebenen waren zumeist protestantisch, und infolge des wachsenden Anteils der Ausländer leben 2007 in Köln schätzungsweise 90 000 Moslems. Waren 1925 noch 77 Prozent der Kölner katholisch, 18 Prozent evangelisch und 2,5 Prozent jüdisch, so änderten sich die Zahlen bis Ende 2007 auf 40 Prozent Katholiken, 17,2 Prozent Protestanten und 0,3 Prozent Juden. Bereits 32,5 Prozent hatten eine andere oder keine Religionszugehörigkeit.

Die Kölner Wirtschaft war in den letzten Jahrzehnten von einem umfassenden wirtschaftlichen Strukturwandel erfasst. Die Verlagerung vom produzierenden Sektor auf den Dienstleistungssektor setzte sich in den 1970er-Jahren fort und beschleunigte sich seit den 1980er-Jahren erheblich. Die Anzahl der Beschäftigten im Produktionssektor verringerte von über 160 000 (1980) auf knapp 145 000 (1990) und bis auf 77 975 (2007). Gleichzeitig stieg sie im Dienstleistungssektor von knapp 259 000

Der autofreie Sonntag, *November 1973.*

(1980) auf 298 000 (1990) und bis auf über 365 693 (2007). Selbst bedeutende, traditionsreiche Industriebetriebe blieben nicht verschont: Die Chemische Fabrik Kalk stellte Ende 1993 ihre Produktion ein. Klöckner-Humboldt-Deutz schrumpfte erheblich zusammen, stand 1987 vor dem Aus und konnte nur in abgespeckter Form als Deutz AG fortgeführt werden. Felten & Guilleaume wurde 1998 an die Bonner Moeller-Gruppe verkauft. Die Gummiwerke Clouth in Nippes wurden Ende 2005 geschlossen. Auch durch den Umzug der Bundesregierung von Bonn nach Berlin gingen Tausende Arbeitsplätze im Raum Köln/Bonn verloren. Dies führte insgesamt zu einer hohen Arbeitslosigkeit (2007: 60 189 Arbeitslose). Seit den 1980er-Jahren entwickelte sich Köln zu einer bedeutenden Medienstadt. Private Fernsehsender wie RTL, VOX und der Musiksender VIVA siedelten sich an. Ein Drittel des deutschen Fernsehprogramms wird in Köln produziert. Insgesamt bietet der Medienbereich bereits rund 50 000 Menschen Arbeit, also über zehn Prozent der sozialversicherungspflichtig Beschäftigten Kölns. Zählt man die eng vernetzte Informations- und Kommunikationswirtschaft hinzu, handelt es sich sogar um rund 90 000 Beschäftigte.

 Der während der '68er-Revolte eingeleitete gesellschaftliche Wandel setzte sich fort: In den letzten 30 Jahren brachten sich Bürgerinitiativen ein – etwa bei der Besetzung der ehemaligen Stollwerck-Fabrik, die Schwulen- und Frauenbewegung spielten

Media-Park, *2005.*

eine stark gewachsene Rolle. Die politische Landschaft veränderte sich: 1980 kandidierten zum ersten Mal »Die Grünen« zum Rat, schafften 1985 den Sprung in den Rat und etablierten sich in Köln als drittstärkste politische Kraft. Rechtsextreme Parteien sitzen seit 1989 – mit einer durch die Fünfprozentklausel bedingten Unterbrechung – im Rat der Stadt. 1999 kam es im Kölner Rathaus zu einem politischen Umbruch: Die SPD verlor nach 43 Jahren die Macht an die CDU. Zum ersten direkt gewählten Oberbürgermeister wurde Harry Blum von der CDU gewählt, der jedoch nach nur 169 Tagen Amtszeit starb, ihm folgte Fritz Schramma von der CDU. Die Mehrheiten im Rat wechseln seitdem: Der 1999 geschlossenen Koalition von CDU und FDP folgte 2002 zum ersten Mal in einer Großstadt eine Koalition von CDU und Grünen, dann 2004 eine große Koalition aus CDU und SPD und schließlich seit 2006 ein »Kern-

Das Historische Archiv der Stadt Köln
nach dem Einsturz vom 3. März 2009.

bündnis« aus SPD und Grünen. Jedenfalls kam in diesen Jahren die Kommunalpolitik nicht zur Ruhe. »Skandale und Klüngelgeschichten erschütterten wiederholt den Ruf der Stadt. Bei der Kommunalwahl im August 2009 kam es wieder zu einem politischen Wechsel auf dem Chefsessel: Der Sozialdemokrat Jürgen Roters gewann die Wahl und kann sich knapp auf ein rot-grünes Bündnis im Rat stützen. Der 3. März 2009 bedeutete einen schwarzen Tag in der Kölner Stadtgeschichte: Infolge des U-Bahn-baus brach das Stadtarchiv in der Severinstraße vollständig ein. Zwei Menschen kamen dabei ums Leben, und wertvollste Kulturgüter gingen für immer verloren. Die Mitte 2008 beginnende weltweite Finanzkrise wird gravierende Auswirkungen auf den städtischen Haushalt und den Handlungsspielraum der Stadt in den nächs-ten Jahren haben.

Personenregister

Ortsregister

*(enthält auch Kölner Straßen
und Gebäude)*

Ausgewählte Literatur

Quellensammlungen:

Beschlüsse des Rates der Stadt Köln 1320–1520. Bd. 1, hg. v. Manfred Huiskes, Düsseldorf 1990, Bde. 2–5, hg. v. Manfred Groten, Düsseldorf 1988–1992.

Dreher, Bernd (Hg.): Texte zur Kölner Verfassungsgeschichte, Köln 1988.

Ennen, Leonhard/Eckerts, Gottfried (Hg.): Quellen zur Geschichte der Stadt Köln, 6 Bde., Nachdruck der Ausgabe v. 1860–1879, Köln 1970.

Hansen, Joseph: Quellen und Untersuchungen zur Geschichte des Hexenwahns und der Hexenverfolgung im Mittelalter, Bonn 1901.

Hansen, Joseph: Quellen zur Geschichte des Rheinlandes im Zeitalter der französischen Revolution 1780–1801, 4 Bde., Bonn 1931– 1938, Nachdruck Düsseldorf 2003–2004.

Lepper, Herbert: Volk, Kirche und Vaterland. Wahlaufrufe, Satzungen und Statuten des Zentrums 1870–1933. Eine Quellensammlung zur Geschichte insbesondere der Rheinischen und Westfälischen Zentrumspartei, Düsseldorf 1998.

Loesch, Heinrich v. (Bearb.): Die Kölner Zunfturkunden, 2 Bde., Bonn 1907.

Kuske, Bruno (Hg.): Quellen zur Geschichte des Kölner Handels und Verkehrs im Mittelalter. 4 Bde., Köln 1917–1934.

Roßmann, Witich (Hg.): Vom mühsamen Weg zur Einheit. Lesebuch zur Geschichte der Kölner Metall-Gewerkschaften. Quellen und Dokumente. 1848–1951, 2 Bde., Hamburg 1991.

Quellen zur Geschichte der Stadt Köln, Bd. 1: Antike und Mittelalter – Von den Anfängen bis 1396/97, hg. v. Wolfgang Rosen und Lars Wirtler in Zusammenarbeit mit Dorothee Rheker-Wunsch und Stefan Wunsch, Köln 1999; Bd. 2: Spätes Mittelalter und Frühe Neuzeit (1396–1792), hg. v. Joachim Deeters und Johannes Helmrath in Zusammenarbeit mit Dorothee Rheker-Wunsch und Stefan Wunsch, Köln 1996;

Bd. 3: Das 19. Jahrhundert, hg. v. Jürgen Herres, Georg Mölich und Stefan Wunsch, Köln 2009.

Stein, Walther (Bearb.): Akten zur Geschichte der Verfassung und Verwaltung der Stadt Köln im 14. und 15. Jahrhundert, 2 Bde., Bonn 1893–1895.

Allgemeine, kapitelübergreifende (auch populärwissenschaftliche) Darstellungen:

Ayçoberry, Pierre: Köln zwischen Napoleon und Bismarck. Das Wachstum einer rheinischen Stadt. Aus dem Französischen von Ulrich Stehkämper, Köln 1996.

Aretz, Christa/Schoor, Irene: Köln im Film. Filmgeschichte(n) einer Stadt, Köln 2004.

Asaria, Zvi (Hg.): Die Juden in Köln von den ältesten Zeiten bis zur Gegenwart, Köln 1959.

Berglar, Peter/Engels, Odilo (Hg.): Der Bischof in seiner Zeit, Köln 1986.

Billstein, Reinhold (Hg.): Das andere Köln. Demokratische Traditionen seit der Französischen Revolution, Köln 1979.

Binding, Günther/Kahle, Barbara: 2000 Jahre Baukunst in Köln, Köln 1983.

Bohnke-Kollwitz, Jutta u. a. (Hg.): Köln und das rheinische Judentum, Köln 1984.

Borger, Hugo (Hg.): Der Kölner Dom im Jahrhundert seiner Vollendung, 2 Bde., Köln 1980.

Borger, Hugo/Zehnder, Frank Günter: Die Stadt als Kunstwerk, 2. Aufl. Köln 1986.

Brog, Hildegard: Was auch passiert: D'r Zoch kütt!. Die Geschichte des rheinischen Karnevals, Frankfurt am Main/New York 2000.

Brunn, Gerhard (Hg.): Sozialdemokratie in Köln. Ein Beitrag zur Stadt- und Parteiengeschichte, Köln 1986.

Canaris, Volker/Gaehme, Tita/Pullem, Jürgen: Theaterstadt Köln, Köln 1986.

Clemen, Paul: Der Dom zu Köln. Die Kunstdenkmäler der Rheinprovinz Bd. VI: Stadt Köln, Düsseldorf 1938.

Deres, Thomas (Bearb.): Der Kölner Rat. Biographisches Lexikon Bd. 1, 1794–1919, Köln 2001.

Deres, Thomas (Hg.): krank – gesund. 2000 Jahre Krankheit und Gesundheit in Köln, Köln 2005.

Deutschlands Städtebau. Köln, hg. von Konrad Adenauer und bearbeitet von Franz Bender, Köln 1926 (Nachdruck Köln 1994).

Diederich, Toni (Bearb.): Revolutionen in Köln 1074–1919, Köln 1973.

Dietmar, Carl: Das mittelalterliche Köln, 3. Aufl., Köln 2004.

Dietmar, Carl: Chronik Köln, 3. Aufl. München/Gütersloh 1996.

Dietmar, Carl: Köln, der Rhein und das Meer, Köln 2002.

Dietmar, Carl: Kölner Mythen, 2. Aufl., Köln 2005.

Dollhoff, Josef: Die Kölner Rheinschiffahrt von den Römern bis zur Gegenwart, Köln 1980

Dorn, Ulrike: Öffentliche Armenpflege in Köln von 1794–1871, Köln/Wien 1990.

Ebeling, Dietrich: Bürgertum und Pöbel. Wirtschaft und Gesellschaft Köln im 18. Jahrhundert, Köln/Wien 1987.

Eckert, Willehad P.: Kleine Geschichte der Universität Köln, Köln 1961.

Mit Energie für Köln. 125 Jahre Gas-, Elektrizitäts- und Wasserwerke Köln AG, 1872–1997; Autorin: Doris Lindemann, Köln 1998.

Ennen, Leonhard: Geschichte der Stadt Köln, 5 Bde., Köln/Neuss/Düsseldorf 1863–1880.

Euler-Schmidt, Michael u. a. (Hg.): Vom Stadtsoldaten zum Roten Funken, Köln 2005.

Euler-Schmidt, Michael/Leifeld, Marcus: Der Kölner Rosenmontagszug 1823–1948, Köln 2007.

Fuchs, Peter: Chronik zur Geschichte der Stadt Köln, 2 Bde., Köln 1990–1991·

Fuchs, Peter/Schwering, Max-Leo/Zöller, Klaus/Oelsner, Wolfgang: Kölner Karneval, Köln 1997.

Die Geschichte der unternehmerischen Selbstverwaltung in Köln 1914–1997. Hg. aus Anlaß des 200jährigen Bestehens der Industrie- und Handelskammer zu Köln am 8. November 1997, Köln 1997.

Hachenberg, Karin: Die Entwicklung der Polizei in Köln von 1794 bis 1871, Köln u. a. 1997.

Hansen, Joseph: Preußen und Rheinland von 1815 bis 1915, Bonn 1918, Nachdruck Köln 1990.

Hegel, Eduard: Das Erzbistum Köln zwischen Barock und Aufklärung. Vom Pfälzischen Krieg bis zum Ende der französischen Zeit (1688–1814), Köln 1979 (Die Geschichte des Erzbistums Köln, Bd. IV).

Hegel, Eduard: Das Erzbistum Köln zwischen der Restauration des 19. Jahrhunderts und der Restauration des 20. Jahrhunderts (1815–1962), Köln 1987 (Die Geschichte des Erzbistums Köln, Bd. V).

Hiller, Karl H.: Vom Quatermarkt zum Offenbachplatz. Ein Streifzug durch vier Jahrhunderte musiktheatralischer Darbietungen in Köln, Köln 1986.

Janssen, Wilhelm: Kleine Rheinische Geschichte, Düsseldorf 1997.

Jung, Werner: Das moderne Köln, Köln 2006.

Jung, Werner: Das neuzeitliche Köln, 2. Aufl., Köln 2009.

Jütte, Robert: Obrigkeitliche Armenfürsorge in deutschen Reichsstädten der frühen Neuzeit, Köln/Wien 1984.

Kastner, Dieter/Torunsky, Vera: Kleine rheinische Geschichte 1815–1986, Köln 1987.

Kellenbenz, Hermann/van Eyll, Klara (Hg.): Zwei Jahrtausende Kölner Wirtschaft, 2 Bde, Köln 1970.

Kellenbenz, Hermann/van Eyll, Klara: Die Geschichte der unternehmerischen Selbstverwaltung in Köln 1797–1914, Köln 1972.

Keussen, Hermann: Topographie der Stadt Köln im Mittelalter, 2 Bde., Bonn 1910.

Kier, Hiltrud: Kleine Kunstgeschichte Kölns, München 2001.

Kindheit in Köln. Die Bestände des Kölnischen Stadtmuseums, bearb. v. Helmut Hane, Köln 1989.

Klein, Adolf: Köln im 19. Jahrhundert. Von der Reichsstadt zur Großstadt, Köln 1992.

Klein, Adolf/Pillmann, Kurt: Vom Praetorium zum Paragraphenhochhaus, Köln 1986.

Klein, Adolf/Rennen, Günter: Justitia Coloniensis. Landgericht und Amtsgericht Köln erzählen ihre Geschichte(n), Köln 1981.

Klein-Meynen, Dieter/Meynen, Henriette/Kierdorf, Alexander: Kölner Wirtschafts-Architektur. Von der Gründerzeit bis zum Wiederaufbau, Köln 1996.

Klersch, Joseph: Volkstum und Volksleben in Köln, 3 Bde., Köln 1965–1968.

Klersch, Joseph: Von der Reichsstadt zur Großstadt. Stadtbild und Wirtschaft in Köln 1794–1860, Köln 1925, Nachdruck Köln 1994.

Köln in alten und neuen Reisebeschreibungen, hg. v. Eka Donner, Düsseldorf 1990.

Kölner Autoren-Lexikon 1750–2000. Nach Vorarbeiten von Gertrud Wegener unter Mitwirkung von Heribert A. Hilgers bearb. v. Enno Stahl, 2 Bde., Köln 2000–2002.

Kölner Universitätsgeschichte, Bd. 2: Das 19. und 20. Jahrhundert, hg. von Bernd Heimbüchel und Klaus Pabst; Bd. 3: Die neue Universität. Daten und Fakten, hg. von Erich Meuthen, unter Mitarbeit von Karl-Heinrich Hansmeyer u. a., Köln/Wien 1988.

Laum, Dieter/Klein, Adolf/Strauch, Dieter (Hg.): Rheinische Justiz, Köln 1994.

Lassotta, Friedrich-Arnold: Formen der Armut im späten Mittelalter und zu Beginn der Neuzeit. Untersuchungen vornehmlich an Kölner Quellen des 14. bis 17. Jahrhunderts, 2 Bde., Köln 1993.

Mathar, Franz: Prosit Colonia. Die vergessenen und die unvergessenen Brauereien, Bier- und Brauhäuser Kölns, Köln 1999.

Mettele, Gisela: Bürgertum in Köln 1775–1870. Gemeinsinn und freie Association, München 1998.

Mölich, Georg/Pohl, Meinhard/Veltzke, Veit (Hg.): Preußens schwieriger Westen. Rheinischpreußische Beziehungen, Konflikte und Wechselwirkungen, Duisburg 2003.

Mölich, Georg/Pohl, Stefan: Das rechtsrheinische Köln, Köln 1995.

Parent, Thomas: Die Hohenzollern in Köln, Köln 1981.

Petri, Franz/Droege, Georg (Hg.): Rheinische Geschichte in drei Bänden sowie Bild- und Dokumentarband, Düsseldorf 1976ff.

Die Regesten der Erzbischöfe von Köln im Mittelalter. 10 Bde., Bonn/Düsseldorf 1901-1987.

Rüther, Martin/Martinsdorf, Eva Maria: Brügelmann in Köln. Geschichte eines Familienunternehmens von 1820 bis heute, Köln 1998.

Schäfke, Werner (Hg.): Der Name der Freiheit, 2 Bde., Ausstellungskatalog, Köln 1988.

Schank, Christoph: »Kölschkatholisch«. Das katholische Milieu in Köln 1871–1933, Köln 2004.

Schloegl, Rudolf: Glaube und Religion in der Säkularisierung. Die katholische Stadt – Köln, Aachen, Münster 1799–1840, München 1995.

Schmidt, Klaus: Glaube, Macht und Freiheitskämpfe. 500 Jahre Protestanten im Rheinland, Köln 2007.

Schneider, Ute: Politische Festkultur im 19. Jahrhundert. Die Rheinprovinz von der französischen Zeit bis zum Ende des Ersten Weltkrieges (1806–1918), Essen 1995

Schünemann-Steffen, Rüdiger: Kölner Straßennamen-Lexikon, Köln 1999.

Serup-Bilfeldt, Kirsten: Zwischen Dom und Davidstern. Jüdisches Leben in Köln von den Anfängen bis heute, Köln 2001.

Signon, Helmut: Wie war zu Köln es doch vordem ..., Frankfurt am Main 1972.

Soénius, Ulrich S./Wilhelm, Jürgen (Hg.): Das große Köln Lexikon, Köln 2005.

Soénius, Ulrich S./Wilhelm, Jürgen (Hg.): Kölner Personenlexikon, Köln 2008.

Die Stadt Köln im ersten Jahrhundert unter Preußischer Herrschaft. 1815 bis 1915, hg. von der Stadt Köln, 2 Bde., davon Bd. 1 in 2 Teilbänden, Köln 1915/1916.

Der Stadtkonservator (Hg.): Köln: 85 Jahre Denkmalschutz und Denkmalpflege 1912–1997, 2 Bde., Köln 1998.

Stehkämper, Hugo (Hg.): Köln, das Reich und Europa, Köln 1971.

Stelzmann, Arnold/Frohn, Robert: Illustrierte Geschichte der Stadt Köln. 11. Aufl., Köln 1990.

Storm, Monika: Die Metropolitangewalt der Kölner Erzbischöfe im Mittelalter, Siegburg 1995.

Stürmer, Michael/Teichmann, Gabriele/Treue, Wilhelm: Wägen und Wagen. Sal. Oppenheim jr. & Cie. Geschichte einer Bank und einer Familie, München/Zürich 1989.

Verbeck, Albert: Kölner Kirchen, 3. Aufl., Köln 1987.

Vogts, Hans: Köln im Spiegel seiner Kunst, Köln 1950.

Wegener, Gertrud: Literarisches Leben in Köln 1750–1850, Teil I, Köln 2000, Teil II, Köln 2005, Teil III; bearb. v. Enno Stahl, Köln 2008.

Weinhold, Kurt: Die Geschichte eines Zeitungshauses 1620–1945/Eine Chronik 1945–1970: Der Verlag M. DuMont Schauberg, Köln 1969.

Wieger, Hermann (Hg.): Handbuch von Köln, Köln 1925.

Wolff, Arnold: Der Kölner Dom, Köln 1989.

»10 Uhr pünktlich Gürzenich«. Hundert Jahre bewegte Frauen in Köln. Zur Geschichte der Organisationen und Vereine, hg. v. Kölner Frauengeschichtsverein, Münster 1995.

Zeitschriften:

Annalen des Historischen Vereins für den Niederrhein, insbesondere das alte Erzbistum Köln, Bd. 1ff., 1838ff.

Colonia Romanica, Bd. 1ff., 1986ff.

Geschichte in Köln. Zeitschrift für Stadt- und Regionalgeschichte, Bd. 1ff., 1978ff. (= GiK)

Jahrbuch des Kölnischen Geschichtsvereins, Bd. 1ff., 1912ff. (= JKGV)

Kölner Domblatt, Bd. 1ff., 1948ff.

Rechtsrheinisches Köln. Jahrbuch für Geschichte und Landeskunde, Bd. 1ff., 1984ff.

Rheinische Vierteljahrsblätter, Bd. 1ff., 1932ff. (= RhVjBll)

Literatur zu einzelnen Kapiteln (Auswahl):

Kapitel 1 (Der Kölner Raum in vor- und frühgeschichtlicher Zeit):

Führer zu vor- und frühgeschichtlichen Denkmälern: Köln, hg. v. Römisch-Germanischen Zentralmuseum Mainz, 3 Bde., Mainz 1980.

Kunow, Jürgen/Wegner, Hans-Helmut (Hg.): Urgeschichte im Rheinland, Köln 2006.

Meier-Arendt, Walter: Die Steinzeit in Köln, Köln 1975.

Kapitel 2 (Das römische Köln):

Eck, Werner: Die Anfänge des römischen Köln und seine politisch-administrative Stellung in der hohen Kaiserzeit, in: GiK 4 (1979), S. 4–24.

Eck, Werner: Agrippina – die »Stadtgründerin« Kölns, in: GiK 28 (1990), S. 5–30.

Eck, Werner: Köln in römischer Zeit. Geschichte einer Stadt im Rahmen des Imperium Romanum, Köln 2004.

Führer zu vor- und frühgeschichtlichen Denkmälern: Köln (siehe Kapitel 1).

Haensch, Rudolf: Das römische Köln als »Hauptstadt« der Provinz Germania inferior, in: GiK 33 (1993), S. 5–40.

Oediger, Friedrich Wilhelm: Das Bistum Köln von den Anfängen bis zum Ende des 12. Jahrhunderts, 3. Aufl. Köln 1991 (Die Geschichte des Erzbistums Köln, Bd. I).

Riedel, Matthias: Köln – ein römisches Wirtschaftszentrum, Köln 1982.

Schmitz, Hermann: Colonia Claudia Ara Agrippinensium, Köln 1956.

Süßenbach, Uwe: Die Stadtmauer des römischen Köln, Köln 1981.

Wolff, Gerta: Das Römisch-Germanische Köln. 6. Aufl., Köln 2000.

Kapitel 3 (Unter fränkischer Herrschaft):

Oediger, Friedrich Wilhelm: Das Bistum Köln (siehe Kapitel 1 und 2)

Päffgen, Bernd/Ristow, Sebastian: Die Römerstadt Köln zur Merowingerzeit, in: Die Fran-

ken. Wegbereiter Europas. Ausstellungskatalog, Reiss-Museum Mannheim, Mainz 1996, S. 145–159.

Ristow, Sebastian: Frühes Christentum im Rheinland, Köln 2007.

Steuer, Heiko: Die Franken in Köln, Köln 1980.

Kapitel 4 (Unter der Herrschaft der Erzbischöfe):

Busch, Gabriel (Hg.): Sankt Anno und seine viel liebe statt, Siegburg 1975.

Euw, Anton van/Schreiner, Peter (Hg.): Kaiserin Theophanu, 2 Bde., Köln 1991.

Groten, Manfred: Köln im 13. Jahrhundert, 2. Aufl., Köln/Weimar/Wien 2000.

Janssen, Wilhelm: Das Erzbistum Köln im späten Mittelalter (1191–1515), 1. Teil, Köln 1995, 2. Teil, Köln 2003 (Die Geschichte des Erzbistums Köln, Bd. II,1 und 2).

Janssen, Wilhelm/Stehkämper, Hugo (Hg.): Der Tag bei Worringen Köln 1988.

Jenal, Georg: Erzbischof Anno von Köln und sein politisches Wirken, 2 Bde., Stuttgart 1974/75.

Lau, Friedrich: Entwicklung der kommunalen Verfassung und Verwaltung der Stadt Köln bis zum Jahre 1396, Bonn 1898.

Lohtmann, Josef: Erzbischof Engelbert I. von Köln, Köln 1993.

Müller, Heribert: Heribert, Kanzler Ottos III. und Erzbischof von Köln, Köln 1977.

Stehkämper, Hugo: Gemeinde in Köln im Mittelalter, in: Johannes Helmrath/Heribert Müller/Helmut Wolff: Studien zum 15. Jahrhundert, Bd. 2, München 1994, S. 1025–1100.

Stehkämper, Hugo: Pro bono pacis – Albertus Magnus als Friedensvermittler und Schiedsrichter, in: Archiv für Diplomatik 23 (1977), S. 297–382.

Kapitel 5 (Die Patrizier als städtische Führungsschicht):

Herborn, Wolfgang: Die politische Führungsschicht der Stadt Köln im Spätmittelalter, Bonn 1977.

Herborn, Wolfgang/Militzer, Klaus: Der Kölner Weinhandel, Sigmaringen 1980.

Janssen, Wilhelm: Das Erzbistum Köln im späten Mittelalter (siehe Kapitel 4).

Militzer, Klaus: Ursachen und Folgen der innerstädtischen Auseinandersetzungen in Köln in der zweiten Hälfte des 14. Jahrhunderts, Köln 1980.

Militzer, Klaus: Die Kölner Gaffeln in der zweiten Hälfte des 14. Jahrhunderts und zu Beginn des 15. Jahrhunderts, in: RhVjBll 47 (1983), S. 124–143.

Irsigler, Franz: Die wirtschaftliche Bedeutung der Stadt Köln im 14. und 15. Jahrhundert, Wiesbaden 1979.

Kapitel 6 (Köln am Ausgang des Mittelalters):

Budde, Rainer: Köln und seine Maler 1300–1500, Köln 1986.

Brincken, Anna-Dorothee v. d. (Bearb.): Köln 1475. Des Heiligen Römischen Reiches freie Stadt, Köln 1975.

Corsten, Severin: Die Blütezeit des Kölner Buchdrucks, in: RhVjBll 40 (1976), S. 130–156.

Giel, Robert: Politische Öffentlichkeit im spätmittelalterlich-frühneuzeitlichen Köln, Berlin 1995.

Janssen, Wilhelm: Das Erzbistum Köln im späten Mittelalter (siehe Kapitel 4).

Irsigler, Franz/Lassotta, Arnold: Bettler und Gaukler, Dirnen und Henker, Köln 1984.

Meuthen, Erich: Die alte Universität, Köln 1988.

Militzer, Klaus: Die Kölner Gaffeln (siehe Kapitel 5).

Militzer, Klaus: »Gaffeln, Ämter, Zünfte«, in: JKGV 67 (1996), S. 41–61.

Militzer, Klaus: Collen eyn kroyn boven allen steden schoyn, in: Colonia Romanica 1 (1986), S. 15–32.

Schulz, Günther: Der Verbundbrief, in: GiK 40 (1996), S. 5–28.

Wensky, Margret: Die Stellung der Frau in der stadtkölnischen Wirtschaft des Spätmittelalters, Köln/Wien 1980.

Wübbeke, Brigitte Maria: Die Stadt Köln und der Neusser Krieg, in: GiK 24 (1988), S. 35–64.

Kapitel 7 (Die freie Reichsstadt in der Zeit der Reformation und des Dreißigjährigen Krieges):

Bergerhausen, Hans-Wolfgang: Die Stadt Köln und die Reichsversammlungen im konfessionellen Zeitalter, Köln 1990.

Das Buch Weinsberg. Aus dem Leben eines Kölner Ratsherrn, hg. von Johann Jakob Häßlin, 4. Aufl., Köln 1990.

Franken, Irene/Hörner, Ina: Hexen. Die Verfolgung von Frauen in Köln, Köln 1987.

Franzen, August: Der Wiederaufbau des kirchlichen Lebens im Erzbistum Köln unter Ferdinand von Bayern, Münster 1941.

Gramulla, Gertrud: Handelsbeziehungen Kölner Kaufleute zwischen 1500 und 1650, Köln 1972.

Hasenberg, Peter: Die Reichspolitik der Freien Reichsstadt Köln im Dreißigjährigen Krieg, Köln 1934.

Schafstaedt, Heinrich: Die Festung Mülheim am Rhein zu Ende des 16. und zu Beginn des 17. Jahrhunderts, Mülheim 1899.

Schilling, Heinz: Niederländische Exulanten im 16. Jahrhundert, Gütersloh 1972.

Schwerhoff, Gerd: Köln im Kreuzverhör, Bonn/Berlin 1991.

Schwerhoff, Gerd: Hexenverfolgung in einer frühneuzeitlichen Großstadt: das Beispiel der Reichsstadt Köln, Bergisch Gladbach 1996.

Kapitel 8 (Der Niedergang der freien Reichsstadt):

Braubach, Max: Kurköln, Münster 1949.

Ennen, Leonhard: Frankreich und der Niederrhein, 2 Bde., Köln/Neuss 1855/56.

Hamacher, Wilhelm: Die Reichsstadt Köln und der Siebenjährige Krieg, Bonn 1911.

Heinen, Ernst: Der Kölner Toleranzstreit, in: JKGV 44 (1973), S. 67–86.

Hömig, Herbert: Jean Ignace de Roderique, in: Rheinische Lebensbilder, Bd. 9, 1982, S. 159–177.

Looz-Corswarem, Clemens Graf von: Das Finanzwesen der Stadt Köln im 18. Jahrhundert, Köln 1978.

Nicolini, Ingrid: Die politische Führungsschicht in der Stadt Köln gegen Ende der Reichsstädtischen Zeit, Köln/Wien 1979.

Rosenbohm, Ernst: Kölnisch Wasser, Berlin 1951.

Schäfke, Werner (Hg.): Oh! De Cologne, Köln 1985.

Zehnder, Frank Günter/Werner Schäfke (Hg.): Der Riss im Himmel. Clemens August und seine Epoche. 7 Bde., Köln 1999.

Kapitel 9 (Köln unter französischer Herrschaft):

Bayer, Josef: Die Franzosen in Köln, Köln 1925.

Becker-Jákli, Barbara: Die Protestanten in Köln. Die Entwicklung einer religiösen Minderheit von der Mitte des 18. bis zur Mitte des 19. Jahrhunderts, Köln 1983.

Brunn, Gerhard: Franzosen in Köln 1794–1814, in: GiK 26 (1989), S. 19–41.

Büttner, Richard: Die Säkularisation der Kölner geistlichen Institute, Köln 1971.

Deeters, Joachim (Hg.): Ferdinand Franz Wallraf. Katalog zur Ausstellung des Historischen Archivs der Stadt Köln, Köln 1974.

Finzsch, Norbert: Obrigkeit und Unterschichten in Köln. Zur Geschichte der rheinischen Unterschichten gegen Ende des 18. und zu Beginn des 19. Jahrhunderts, Stuttgart 1990.

Graumann, Sabine: Französische Verwaltung am Niederrhein. Das Roerdepartement 1798–1814, Essen 1990.

Die französischen Jahre. Katalog der Ausstellung im Historischen Archiv der Stadt Köln, Köln 1994.

Kuhn, Axel: Jakobiner im Rheinland, Stuttgart 1976.

Kier, Hiltrud/Zehnder, Frank Günter: Lust und Verlust. Kölner Sammler zwischen Trikolore und Preußenadler, Köln 1995.

Mettele, Gisela: Kölner Bürgertum im Umbruchszeit (1776–1815), in: Lothar Gall (Hg.): Vom alten zum neuen Bürgertum. Die mitteleuropäische Stadt im Umbruch 1780–1820, München 1991, S. 229–275.

Mölich, Georg/Oepen, Joachim/Rosen, Wolfgang (Hg.): Klosterkultur und Säkularisation im Rheinland, 2. Aufl., Essen 2002.

Müller, Klaus: Köln von der französischen zur preußischen Herrschaft 1794–1815, Köln 2005.

Pabst, Klaus: Franz Ferdinand Wallraf. Opportunist oder Kölner Lokalpatriot?, in: GiK 23 (1988), S. 159–177.

Schieder, Wolfgang: Säkularisation und Mediatisierung in vier rheinischen Departements 1803 bis 1813, Boppard am Rhein 1987.

Theis, Kerstin/Wilhelm, Jürgen (Hg.): Frankreich am Rhein, Köln 2009.

Wolfrum, Carl Gert: Christian Sommer 1767–1835. Verfassungs- und Staatsverständnis eines deutschen Jakobiners, Berlin 1995.

Ziebolz, Gerhard (Hg.): Franzosen in Köln 1794 bis 1815, Köln 1999.

Kapitel 10 (Köln unter preußischer Herrschaft im Vormärz):

Becker-Jákli, Barbara: Protestanten (siehe Kapitel 9)

Becker-Jákli, Barbara (Hg.): Köln um 1825 – ein Arzt sieht seine Stadt. Die medizinische Topographie der Stadt Köln von Dr. Bernard Elkendorf, Edition und Kommentar, Köln 1999.

Billstein, Heinrich: Marx in Köln, Köln 1983.

Bönisch, Georg: Köln und Preußen. Kultur- und sozialgeschichtliche Skizzen des 19. Jahrhunderts, Köln 1982.

Dowe, Dieter: Aktion und Organisation. Arbeiterbewegung, sozialistische und kommunistische Bewegung in der preußischen Rheinprovinz 1820–1852, Hannover 1970.

Eßer, Albert: Kirche, Staat und Öffentlichkeit. Das Kölner Ereignis (1837), Köln 1987.

Kier, Hiltrud/Zehnder, Frank Günter: Lust und Verlust (siehe Kapitel 9)

Kleinertz, Everhard: Karl Marx und Köln 1842–1852. Katalog zur Ausstellung, Köln 1983.

Meynen, Henriette: Die preußische Festung Köln, Köln 2000.

Müller, Alwin: Die Geschichte der Juden in Köln von der Wiederzulassung 1798 bis um 1850, Köln 1984.

Schlegel, Klaus: Köln und seine preußischen Soldaten, Köln 1979.

Schmidt, Klaus: Andreas Gottschalk. Armenarzt und Pionier der Arbeiterbewegung. Jude und Protestant, Köln 2002.

Schmidt, Klaus: Mathilde Franziska und Fritz Anneke. Aus der Pionierzeit von Demokratie und Frauenbewegung, Köln 1999.

Schmidt, Klaus: Franz Raveaux. Karnevalist und Pionier des demokratischen Aufbruchs in Deutschland, Köln 2001.

Kapitel 11 (Von der Revolution zur Reichseinheit):

Becker, Gerhard: Karl Marx und Friedrich Engels in Köln 1848–1849. Zur Geschichte des Kölner Arbeitervereins, Berlin 1963.

Becker-Jákli, Barbara: »Fürchtet Gott, ehret den König« Evangelisches Leben im linksrheinischen Köln 1850-1918, Köln 1988.

Bilz, Fritz/Schmidt, Klaus (Hg.): Das war 'ne heiße Märzenzeit. Revolution im Rheinland 1848/49, Köln 1998.

Bönisch, Georg: Köln und Preußen (siehe Kapitel 10).

Dowe, Dieter: Aktion und Organisation (siehe Kapitel 10).

Herres, Jürgen: 1848/49. Revolution in Köln, Köln 1998.

Herres, Jürgen: Städtische Gesellschaft und katholische Vereine im Rheinland 1840–1870, Essen 1996.

Kleinertz, Everhard: Karl Marx und Köln 1842–1852. Katalog zur Ausstellung, Köln 1983.

Kracht, Hans Joachim: Adolph Kolping. Priester, Pädagoge, Publizist im Dienst christlicher Sozialreform, Freiburg u. a. 1993

Mergel, Thomas: Zwischen Klasse und Konfession. Katholisches Bürgertum im Rheinland im 19. Jahrhundert, Göttingen 1994.

Padtberg, Beate-Carola: Rheinischer Liberalismus in Köln während der politischen Reaktion in Preußen nach 1848/49, Köln 1985.

Parent, Thomas: Passiver Widerstand im preußischen Verfassungskonflikt. Die Kölner Abgeordnetenfeste, Köln 1982.

Schmidt, Klaus: Anneke (siehe Kapitel 10).

Schmidt, Klaus: Gottschalk (siehe Kapitel 10).

Schmidt, Klaus: Raveaux (siehe Kapitel 10).

Schulz, Günther: Die Arbeiter und Angestellten bei Felten & Guilleaume. Sozialgeschichtliche Untersuchung eines Kölner Industrieunternehmens im 19. und beginnenden 20. Jahrhundert, Wiesbaden 1979.

Seyppel, Marcel: Die Demokratische Gesellschaft in Köln 1848/49. Städtische Gesellschaft und Parteientstehung während der bürgerlichen Revolution, Köln 1991.

Zunkel, Friedrich: Der Rheinisch-Westfälische Unternehmer 1834–1879. Ein Beitrag zur Geschichte des deutschen Bürgertums im 19. Jahrhundert, Köln/Opladen 1962.

Kapitel 12 (Aufbruch zur modernen Großstadt):

Becker-Jákli, Barbara: »Fürchtet Gott, ehret den König« (siehe Kapitel 11).

Broch, Ernst-Detlef: Katholische Arbeitervereine in der Stadt Köln 1890–1901, Wentorf bei Hamburg 1977.

Brunn, Gerhard: Köln als sozialpolitischer Pionier. Die Arbeitsnachweis-Anstalt von 1894 und der Kölner Arbeitsmarkt, in: JKGV 56 (1985), S. 107–135.

Frohn, Hans-Werner: Arbeiterbewegungskulturen in Köln 1890 bis 1933, Essen 1997.

GiK 35 (1994): (mit Beiträgen von Christoph Weber über den politischen Katholizismus, von Everhard Kleinertz über den Liberalismus, von Gerhard Brunn über die Sozialdemokratie und von Ulrich S. Soénius über die nationalen Verbände im Deutschen Kaiserreich).

Grefe, Uta: Köln in frühen Photographien 1847–1914, München 1988.

Großstadt im Aufbruch. Köln 1888. Katalog zur Ausstellung, Köln 1988.

Jasper, Karlbernhard: Der Urbanisierungsprozeß am Beispiel der Stadt Köln, Köln 1977.

Kier, Hiltrud: Die Kölner Neustadt. Planung, Entstehung, Nutzung, 2 Bde., Düsseldorf 1978.

Kier, Hiltrud/Schäfke, Werner: Die Kölner Ringe. Geschichte und Glanz einer Straße, Köln 1987.

Köln – Bauliche Entwicklung 1888–1927, hg. v. Architekten- und Ingenieurverein, Köln 1927 (Nachdruck von 1987).

Mergel, Thomas: Zwischen Klasse und Konfession (siehe Kapitel 11).

Schulz, Günther: Die Arbeiter und Angestellten bei Felten & Guilleaume (siehe Kapitel 11)

Soénius, Ulrich S.: Koloniale Begeisterung im Rheinland während des Kaiserreichs, Köln 1992.

Wagner, Rita: Cöln. Die sozialen Verhältnisse um 1900, Köln 1989.

Kapitel 13 (Köln im Ersten Weltkrieg und in der Weimarer Republik):

Faust, Manfred: Sozialer Burgfrieden im Ersten Weltkrieg. Sozialistische und christliche Arbeiterbewegung in Köln, Essen 1992.

Först, Walter: In Köln 1918–1936. Kleine Stadtgeschichte im 20. Jahrhundert, Düsseldorf 1982.

Frohn, Hans-Werner: Arbeiterbewegungskulturen (siehe Kapitel 12).

Heinen, Werner/Pfeffer, Anne-Marie: Köln: Siedlungen 1888–1938, Köln 1988.

Köln – Bauliche Entwicklung (siehe Kapitel 12).

Müller, Jürgen: »Willkommen, Bienvenue, Welcome ...« Politische Revue – Kabarett – Varieté in Köln 1918–1938, Köln 2008.

Neidiger, Bernhard: »Von Köln aus kann der Sozialismus nicht proklamiert werden!« Der Kölner Arbeiter- und Soldatenrat im November/Dezember 1918, Köln 1985.

Novy, Klaus (Hg.): Wohnreform in Köln. Geschichte der Baugenossenschaften, Köln 1986.

Rüther, Martin: Arbeiterschaft in Köln 1928–1945, Köln 1990.

Schwarz, Hans-Peter: Adenauer. Der Aufstieg: 1876–1952, Stuttgart 1986.

Wilhelm Sollmann. Zum 100. Geburtstag 1981, 2 Bde., Bd. 2: Katalog zur Ausstellung, bearbeitet von Ulrike Nyassi, Köln 1981.

Stehkämper, Hugo (Hrsg.): Konrad Adenauer. Oberbürgermeister von Köln. Festgabe der Stadt Köln zum 100. Geburtstag ihres Ehrenbürgers, Köln 1976.

Weiß, Lothar: Rheinische Großstädte während der Weltwirtschaftskrise (1929–1933). Kommunale Finanz- und Sozialpolitik im Vergleich, Köln u. a. 1999.

Kapitel 14 (Köln im Nationalsozialismus):

Bopf, Britta: »Arisierung« in Köln. Die wirtschaftliche Existenzvernichtung der Juden 1933–1945, Köln 2004.

Buhlan, Harald/Jung, Werner (Hg.): Wessen Freund und wessen Helfer? Die Kölner Polizei im Nationalsozialismus, Köln 2000.

Centrum Schwule Geschichte (Hg.): »Das sind Volksfeinde!« Die Verfolgung von Homosexuellen an Rhein und Ruhr 1933–1945, Köln 1998.

Fings, Karola: Messelager Köln. Ein KZ-Außenlager im Zentrum der Stadt, Köln 1996.

Fings, Karola/Sparing, Frank: Rassismus, Lager, Völkermord. Die nationalsozialistische Zigeunerverfolgung in Köln, Köln 2005.

Golczewski, Frank: Kölner Universitätslehrer und der Nationalsozialismus. Personalgeschichtliche Ansätze, Köln/Wien 1988.

Huiskes, Manfred: Die Wandinschriften des Kölner Gestapogefängnisses im EL-DE-Haus 1943–1945, Köln/Wien 1983.

Matzerath, Horst (Hg.): Jüdisches Schicksal in Köln 1918–1945. Katalog zur Ausstellung, Köln 1988.

Müller, Jürgen: »Willkommen ...« (siehe Kapitel 13).

NS-Dokumentationszentrum der Stadt Köln (Hg.): Köln im Nationalsozialismus. Ein Kurzführer durch das EL-DE-Haus, Köln 2001.

Peukert, Detlev J. K.: Die Edel-weißpiraten. Protestbewegun-gen jugendlicher Arbeiter im »Dritten Reich«. 3. Aufl. Köln 1988.

Roeseling, Severin: Das braune Köln. Ein Stadtführer durch die Innenstadt in der NS-Zeit, Köln 1999.

Rüther, Martin: Arbeiterschaft in Köln (siehe Kapitel 13).

Rüther, Martin (Hg.): »Zu Hause könnten sie es nicht schöner haben!« Kinderlandverschi-ckung aus Köln und Umge-bung 1941–1945, Köln 2000.

Rüther, Martin: Köln im Zweiten Weltkrieg. Alltag und Erfah-rungen zwischen 1939 und 1945, Köln 2005.

Rusinek, Bernd-A.: Gesellschaft in der Katastrophe. Terror, Ille-galität, Widerstand – Köln 1944/45, Essen 1989.

Gegen den braunen Strom. Köl-ner WiderstandskämpferInnen in Portraits der Arbeiterfoto-grafie Köln, hg. von der Arbei-terfotografie Köln und dem NS-Dokumentationszentrum, 2. Aufl. Köln 2000.

Kapitel 15 (Wiederaufbau und Demokratie):

Adams, Werner/Bauer, Joachim (Hg.): Vom Botanischen Gar-ten zum Großstadtgrün. 200 Jahre Kölner Grün, Köln 2001.

Billstein, Reinhold: Das entschei-dende Jahr. Sozialdemokratie und Kommunistische Partei in Köln 1945/46, Köln 1988.

Billstein, Reinhold/Eberhard Ill-ner: You are now in Cologne. Compliments. Köln 1945 in den Augen der Sieger. Hun-dert Tage unter amerikani-scher Kontrolle, Köln 1995.

Dann, Otto (Hg.): Köln nach dem Nationalsozialismus. Der Be-ginn des gesellschaftlichen und politischen Lebens in den Jahren 1945/46, Wuppertal 1981.

Deres, Thomas: »Die Fraktion beschließt einstimmig ...« Die SPD-Fraktion im Rat der Stadt Köln 1945–1998, Köln 1999.

Dohms, Peter: Die Studentenbe-wegung von 1968 an den nord-rhein-westfälischen Hochschu-len, in: GiK 55 (2008), S. 205–243.

Dülffer, Jost (Hg.): Köln in den 50er Jahren, Köln 2001.

Dülffer, Jost (Hg.): »Wir haben schwere Zeiten hinter uns.« Die Kölner Region zwischen Krieg und Nachkriegszeit, Vierow bei Greifswald 1996.

CDU Köln (Hg.): 50 Jahre CDU Köln. 1945 – 1995. Festschrift zur 50. Wiederkehr des Grün-dungstages der Christlich Demokratischen Union Kreis-verband Köln, Redaktion Ste-fan Götz u. a. Köln 1995.

Fuchs, Peter: Theo Burauen. Oberbürgermeister von Köln. Ein biographischer Bildbe-richt, Köln 1966.

Hagspiel, Wolfram/Kier, Hiltrud/Krings, Ulrich: Köln. Architektur der 50er Jahre in historischen Aufnahmen und neuen Fotos von Dorothea Heiermann, Köln 1986.

Heinen, Werner/Pfeffer, Anne-Marie: Köln. Siedlungen, Bd. 2: 1938–1988 (siehe Kapi-tel 13).

Heitzer, Horstwalter: Die CDU in der britischen Zone 1945–1949. Gründung, Organisa-tion, Programm und Politik, Düsseldorf 1988

Herbers, Winfried: Der Verlust der Hegemonie. Die Kölner CDU 1945/46–1964, Düssel-dorf 2003.

Historisches Archiv der Stadt Köln (Hg.): Kunst und Kultur in Köln nach 1945. Musik, Theater, Tanz, Literatur, Museen. Köln 1996.

Holl, Kurt/Glunz, Claudia (Hg.): 1968 am Rhein. Satisfaction und ruhender Verkehr, Neu-ausgabe Köln 2008.

Hottes, Karlheinz u. a. (Hg.): Köln und sein Umland, Köln 1989.

Kier, Hiltrud (Hg.): Köln. Die Romanischen Kirchen in der Diskussion 1946/47 und 1985, Köln 1986.

Köln – seine Bauten 1928–1988, hg. v. Architekten- und Inge-nieurverein Köln 1875, bearbei-tet von Heribert Hall, Köln 1991.

Krings, Ulrich/Schwab, Otmar: Köln: Die Romanischen Kir-chen. Zerstörung und Wieder-herstellung, Köln 2007.

Machat, Christoph: Der Wieder-aufbau der Kölner Kirchen, Köln 1987.

Matzerath, Horst/Buhlan, Harald/Becker-Jákli, Barbara (Hg.): Versteckte Vergangenheit. Über den Umgang mit der NS-Zeit in Köln, Köln 1994.

Mölich, Georg/Wunsch, Stefan (Hg.): Köln nach dem Krieg, Köln 1995.

Schönbohm, Kurt: Köln. Grün-anlagen 1945–1975, Köln 1988.

Schäfke, Werner (Hg., unter Mit-arbeit von Rita Wagner): Das Neue Köln: 1945–1995. Eine Ausstellung des Kölnischen Stadtmuseums, Köln 1995.

Wirtschaftsraum Köln. Gesamt-redaktion: Willy Berens, Oldenburg 1961.

Zahn, Robert von: Jazz in Köln seit 1945. Konzertkultur und Kellerkunst, hg. vom Histori-schen Archiv der Stadt Köln, Köln 1997.

Bildnachweis

Archäologische Zone Köln: 16 oben *(Rekonstruktion S. Schütte, Modellbau D. Cöllen)*, 22 *(Fotos D. Heiermann)*, 23 oben *(Rekon-struktionszeichnung S. Schütte)* **Archiv Farina, Köln:** 93 **Bachem Archiv, Köln:** 26, 27, 62, 63, 95, 137, 160 **Robert Boecker, Köln:** 14, 15, 18, 31, 32 unten, 33, 37, 44 un-ten, 48, 58, 69 unten, 80 unten, 81 **Walter Dick:** 155, 156 **Dr. Carl Dietmar, Köln:** 78 **Dombauar-chiv, Köln:** 29, 38 unten **Jochen Dziedzic:** 161 **Erzbischöfliche Diözesan- und Dombibliothek, Köln:** 32 oben, 34 oben, 59 **Mat-thias Frankenstein, Landesar-chiv NRW:** 163 **Dr. Klaus Grewe, Swisttal-Morenhoven:** 28 **Histo-risches Archiv der Stadt Köln:** 64, 132, 134, 153, 154, 157, 158, 159 **Roman Hövel:** 50 **Dr. Werner Jung, Köln:** 8, 136 unten, 143 **Hildegard Lagrenn:** 147 **Boris Loehrer:** 162 **NS-Dokumentati-onszentrum der Stadt Köln:** 3, 142, 144, 145, 146, 148, 149, 150, 151, 152 **Privat:** 47 unten, 67 unten **Peter Csaba Rakoczy, Köln:** 10, 11, 16 (unten), 20, 21, 24, 25 un-ten, 47 oben, 53, 60 unten, 72, 75 oben **Rheinisches Bildarchiv Köln:** Coverabbildung, hinterer Vorsatz, Umschlagrückseite, 1, 2, 6, 17, 34 unten, 36, 38 oben, 39, 40, 42, 42/43, 44 oben, 49, 51 un-ten, 54, 55, 56 unten, 57, 61, 65, 66/67, 67 (Hintergrund), 68, 69 oben, 70, 71, 73, 74, 75 unten, 76, 79, 80 oben, 82, 83, 84, 86, 87, 88, 89, 90, 91, 92, 93, 94, 99, 100, 101, 102, 104, 105, 106, 107, 108, 109, 110, 111, 112, 113, 115, 116, 117, 118, 119, 120, 121, 122, 123, 125, 128, 130, 131, 133, 135, 138, 138/39, 140 **Rheinisches Landes-museum Bonn:** 13, 23 unten **Rö-misch-Germanisches Museum Köln:** 11, 12, 14, 15, 16 (unten), 18 (unten), 20, 21, 24, 41 **Hans Schlimbach, Köln:** 136 unten - **Thilo Schmülgen, Köln:** 98 **Pfarr-gemeinde St. Severin, Köln:** 25 oben **Stiftung Bundeskanzler-Adenauer-Haus; Foto Harald Odehnal, Köln:** 136 oben **Stiftung Rheinisch-Westfälisches Wirt-schaftsarchiv zu Köln:** 114 **Uni-versitätsbibliothek Heidelberg:** 51 oben **Wallraf-Richartz-Mu-seum & Fondation Corboud, Köln:** 60 oben.

Kartografie: Thomas Böhne/ Barbara Köhler.

Leider war es nicht in allen Fällen möglich, die Inhaber der Bild-rechte ausfindig zu machen. Irrtümer oder Versäumnisse wer-den selbstverständlich korrigiert.

Möchten Sie mehr über Köln wissen?

Interessieren Sie sich für Agrippina oder eine andere Person der Kölner Geschichte? Wollen Sie etwas über die Entstehung unserer prachtvollen romanischen Kirchen erfahren? Suchen Sie Anregungen für einen Stadtrundgang mit ihren Freunden? Oder möchten Sie endlich das alte kölsche Gedicht, das Ihnen aus Schulzeiten noch im Gedächtnis ist, schriftlich haben?
Dann sind Sie in der Bibliothek der Akademie för uns kölsche Sproch richtig!

Bibliothek der Akademie för uns kölsche Sproch

Anschrift: Im Mediapark 7, 50670 Köln
Telefon: (0221) 226 57 92
Fax: (0221) 226 57 99
E-Mail: nitt@sk-kultur.de

Öffnungszeiten:
Montag: 9 - 12 und 14 - 16 Uhr
Dienstag: 9 - 12 und 14 - 18 Uhr
Mittwoch: geschlossen
Donnerstag: 9 - 12 und 14 - 16 Uhr
Freitag: 9 - 12 Uhr

SK Stiftung Kultur

www.koelsch-akademie.de

ZEITREISE DURCH KÖLN

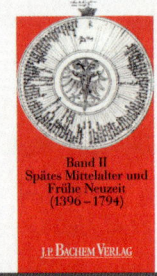

herausgegeben von Jürgen Herres,
Georg Mölich und Stefan Wunsch
Quellen zur Geschichte
der Stadt Köln, **Band 3**
Das 19. Jahrhundert (1794–1914)
336 Seiten
16,5 cm x 24 cm, kartoniert
ISBN 978-3-7616-2158-5

herausgegeben von Wolfgang
Rosen und Lars Wirtler
Quellen zur Geschichte
der Stadt Köln, **Band 1**
**Antike und Mittelalter von
den Anfängen bis 1396/97**
338 Seiten
16,5 cm x 24 cm, kartoniert
ISBN 978-3-7616-1324-5

herausgegeben von
Joachim Deeters und
Johannes Helmrath
Quellen zur Geschichte
der Stadt Köln, **Band 2**
**Spätes Mittelalter und
Frühe Neuzeit (1396–1794)**
292 Seiten
16,5 cm x 24 cm, kartoniert
ISBN 978-3-7616-1285-9

Die in der Fachwelt anerkannte und in Schulen sowie der universitären Lehre gerne
eingesetzte Reihe »Quellen zur Geschichte der Stadt Köln« basiert in vielen Fällen
auf den unschätzbaren Dokumenten des Historischen Archivs der Stadt Köln.
Durch den tragischen Einsturz des Stadtarchivs im März 2009 kommt den drei
bislang veröffentlichten Titeln somit eine ganz besondere Bedeutung zu.
Der vierte, abschließende Band zum 20. Jahrhundert ist dank der bereits geleisteten
Recherche und Quellensicherung in Vorbereitung.

J.P. BACHEM VERLAG

www.bachem.de/verlag